U0720839

刑事检察实务疑难问题研究

王胜◎著

上海人民出版社

序

　　法科学生走出校门，最为期盼的当然是从事与所学专业有关的工作。然要心无旁骛，专心志业，长期从事一项工作，亦殊为不易，能在日复一日的工作中勤于思考，不断钻研，发现和解决问题，则尤其难得。王胜于华东政法大学研究生毕业后，一直在基层检察院工作，凡一十二年，其间学习不辍，复又考入母校深造读博，更笔耕不停，将所思所研连缀成文，集成小书，期与法界学子及同行共同探讨，以促进法制之进步，精神实属可嘉。

　　自20世纪70年代末我国开始大规模立法以来，已逾四十载，其中大部分法律已经反复修订，在刑事司法和检察工作领域，随着各种情况的变化，相关的法律也有很大变化。加上受"宜粗不宜细"等习惯的影响，有些立法比较粗疏，操作过程中会出现漏洞，社会上不断涌现的新情况新问题更会对立法和司法实践提出挑战，"依法"二字说起来容易，做起来就可能需要时常斟酌，反复推敲。身处第一线的检察官在处理案件时难免要遇到各种疑点和难点，若能运用所学法学知识，结合积累的经验，对其剖疑解难，探寻解决问题的方法，无疑对提升司法的效率、促进立法的完备是有帮助的。所谓"实践出真知"，许多问题或许是书斋里和庙堂上预想不到的，每天面对大量具体案件的司法实际工作者倒可能洞悉症结,提出切实的解决方法。

这本小册子既有对检察工作中遇到的具体问题的探讨,也有对一般检察理论的分析,观点未必完全正确,但却是一位检察工作者的思考,可供同行借鉴和参考。这种敢于从实践中发现问题并提出自己见解的做法也是值得提倡的,它让我们从理论研究中感受到了生活的气息。

华东政法大学教授、博士生导师
徐永康
2020 年 2 月 16 日

目录

第一章　刑罚适用原则

刑法总则当中规定了累犯、数罪并罚、共同犯罪的处理等一系列原则，但在具体个案中如何适用的争议不断，有些是反复重现的老大难问题。

第一节　累犯条款失效问题

近年来，将前科作为定罪标准的罪名不断增多，因遵循"禁止重复评价原则"而导致的累犯条款适用问题愈发突出，司法实践中做法不一，亟待统一。最高人民法院在将前科纳入盗窃罪定罪标准并再次认定为累犯的问题上态度明确，但说理难以让人信服。累犯制度是一种特殊的再评价体制，体现的是犯罪人的主观恶性、人身危害性，不受定罪、量刑上的禁止重复评价原则所束缚，更不为因时制宜的司法解释而选择性失效。

为了惩戒屡教不改的罪犯，世界各国成文刑法一般均对加重处罚累犯加以规定。《中华人民共和国刑法》第六十五条、第六十六条也设置了一般累犯、特别累犯制度，对构成累犯的，明确规定应当从重处罚。同时，其还在第七十四条、第八十一条刑罚执行上对累犯规定了不适用缓刑、不得假释等限制措施。除了刑法特别规定的未满十八周岁的人犯罪、过失犯罪这两种情形外,累犯条款应当毫无例外地适用于"被判处有期徒刑以上的犯罪分子,刑罚执行完毕五年以内再犯应当判处有期徒刑以上刑罚之罪的"所有罪犯。但近年来,累犯条款选择性适用的失效问题愈发严重,主要原因在于随着收容劳动教养制度的废除,司法机关为了解决行政与刑事处罚之间的衔接空缺问题,对刑法条文过度诠释,出台了不少将受过行政处罚或刑事处罚作为定罪评价标准的司法解释及相关规定,适用的罪名也呈不断扩大态势。尽管刑法理论界对是否将行政处罚或刑事处罚作为定罪标准长期存在争论,但实务界实际上已经按照中华人民共和国最高人民法院和最高人民检察院(以下简称"两高")的解释来操作定罪事宜。伴随而来的是,一旦将接受过刑事处罚作为定罪标准评价(或升刑格条件)后,对于同时符合累犯成立条件的,犯罪嫌疑人是否可以认定为累犯而从重处罚的问题更是难以定夺。否定的观点认为,将刑事前科列为定罪标准评价后,再次以累犯的量刑情节评价,违背了禁止重复评价原则。而众所周知的是,禁止对同一行为重复评价(俗称一事不再理,以下简称禁止重复评价)是最基本的重要刑法原则,即罪前行为一般不会成为本罪成立的依据。肯定的观点认为,如果不认定累犯,则刑法总则中累犯的成文条款在部分具体罪名中名存实亡。实质上来讲,司法机关通过解释的形式终止了立法机关所制定的刑法效力,使得累犯条款失去作用,从而让部分罪名在某种意义上不再有累犯,严重侵犯了立法权。

故而,笔者将当下累犯条款适用所引起的争论,归纳总结为"累犯条款失效问题",并加以研究。笔者在反对简单、机械套用禁止重复评价原则的同时,也着力于保护犯罪嫌疑人的相关权益,以抛砖引玉,为刑事司法实践提供助益。

一、现状

累犯条款失效问题在非法行医罪的认定中表现得最早,也最为典型。2008 年出台的《最高人民法院关于审理非法行医刑事案件具体应用法律若干问题的解释》第一条第(四)项规定,"非法行医被卫生行政部门行政处罚两次以后,再次非法行医的",应认定为"情节严重",以非法行医罪定罪处罚。2016 年该解释部分修正,但二次行政处罚后,第三次非法行医的直接入罪的规定没有改动。该规定出台之初,便引起理论界的广泛争议,即行政处罚后再次作为刑法评价,是否违背了禁止重复评价原则。反对者认为这显然是重复评价,"行政处罚也是一种政府公权力对违法行为的评价,不能再次进行同样是政府公权力的刑法性评价,该规定不存在正当性"。①较为流行并被司法实践部门所接受的观点认为,行政法规与刑法属于不同的法律部门,不同的法律对同一行为作不同性质的评价,因此不违反禁止重复评价原则,而且"我国刑法定性与定量结合的立法模式决定了刑法与其他法律对同一事实会重复作出评价,但是这个重复评价并未违反刑法中的禁止评价原则"。②对司法实务部门而言,最高人民法院的司法解释当然也必须执行,但接踵而至的问题更大,即对非法行医刚被刑事处罚后再次(第四次)非法行医的,能否再次直接入罪? 从笔者目前的检索来看,上海司法实践中普遍认同直接入罪的观点,反对意见认为,对于曾因非法行医被刑事处罚后再次非法行医的,前

---

① 吴婉璐:《行政处罚事实作为非法行医定罪条件的正当性研究》,《铁道警察学院学报》2017 年第 1 期,第 115 页。

② 李高宁:《禁止重复评价在刑行交叉案件中的适用》,《江西警察学院学报》2013 年第 4 期,第 80 页。

面的刑事判决已经生效且执行,在后续刑罚的量刑当中可以参照,但不能作为定罪的事实,其应按照 2008 年的司法解释所规定的犯罪标准重新认定。严格来说,第四次非法行医后直接入罪的,实际上对已评价的前两次行政处罚又进行了第二次评价。就此,无论是前面的一次评价还是后面的二次评价,"禁止重复评价原则"在非法行医罪认定中均已荡然无存。

但给司法机关提出的最棘手问题是,对于曾因非法行医被刑事处罚后再次非法行医的,符合《中华人民共和国刑法》第六十五条规定的是否能认定为累犯,并从重处罚? 从笔者检索的全国非法行医判决书来看,做法不一,有直接认定为累犯的,也有遵循禁止重复评价原则不再认定为累犯的。其中,细察上海市青浦区人民法院的相关判决,其认定也有一个逐渐转变的过程。例如 2015 年青浦区人民法院判决生效的纪某某非法行医案中,纪某某于 2014 年因非法行医罪被判处有期徒刑六个月,刑满释放后于 2015 年 5 月因再次非法行医被抓获,法院以非法行医罪且累犯认定从重处罚,判处有期徒刑九个月。而 2016 年青浦区人民法院在同类型的王某非法行医案、姚某某非法行医案、薛某某非法行医案判决中,则又纠正了 2015 年的判决内容,对有期刑满刚释放再次非法行医的统一不再认定为累犯。毫无疑问的是,青浦区人民法院 2016 年判决的转变更加符合禁止重复评价原则,但在行政处罚的二次评价上,仍然落入再次评价的陷阱。再如,2014 年上海奉贤区人民法院判决的朱某建非法行医案、2016 年朱某全非法行医案则又与 2015 年青浦区人民法院纪某某非法行医案的观点相同,即第四次非法行医直接入罪且认定为累犯。

问题并非局限于非法行医,现今较为热门的常见罪名如寻衅滋事、聚众斗殴及组织、容留卖淫等等,为解决劳动教养废除后衔接缺失问题,司法部门也纷纷将前科劣迹视为刑法条款中"数额

4

较大""情节严重"的具体内容而纳入定罪标准,继而在累犯条款适用上左右为难。2013年"两高"《关于办理寻衅滋事刑事案件适用法律若干问题的解释》第二条第(七)项对随意殴打他人"情节恶劣"留出了一个"其他情节恶劣的情形"的兜底条款。2014年上海市出台了《关于本市适用"两高"寻衅滋事刑事案件司法解释若干问题的工作意见》,对上述兜底条款进行了详尽规定,其中将"因故意杀人、故意伤害、抢劫、抢夺、敲诈勒索、寻衅滋事、聚众斗殴、妨害公务等违法犯罪曾受过刑事处罚,又实施随意殴打他人行为"致一人以上轻微伤的,列为上述"其他情节恶劣的情形"之一。按照上述解释,犯故意杀人罪等暴力犯罪的前科可以被作为寻衅滋事罪的定罪标准使用。同样,一旦以前科作为定罪标准后,量刑情节上是否可以认定为累犯依法从重处罚?笔者办理的叶某某寻衅滋事案中,2013年叶某某曾因故意伤害罪受过有期徒刑的刑事处罚,2017年又在公众场所实施随意殴打他人行为致被害人轻微伤,检察机关起诉时认定叶某某构成寻衅滋事罪且系累犯应从重处罚,但青浦区人民法院以故意伤害罪前科已经评价为由,不再认定叶某某为累犯。在上述情况下,刑法所规定的累犯条款完全失效了,对此检法分歧较大。聚众斗殴罪同样如此,2013年上海市高级人民法院所制定的《关于办理聚众斗殴犯罪案件的若干意见》(二)第二条第(五)项,其将"因故意杀人、伤害、抢劫、敲诈勒索、寻衅滋事等暴力违法犯罪曾受过刑事处罚,又聚众斗殴的",直接作为聚众斗殴罪定罪标准,也涉及因前科入罪后又构成累犯的认定是否违背重复评价原则的问题。再如,2017年浦东新区人民检察院所办理的石某某容留卖淫案和刘某某容留卖淫案中,检方考量被告人曾犯容留卖淫罪被刑事处罚过,属有前科,认定为"情节严重",从而提高了量刑档次;如果认定被告人构成累犯,有重复评价的嫌疑,故对前科不再评价为累犯,该问题在全市都有一定共性,需要统一法律适用。

二、最高人民法院的观点

前科成为入罪标准后,慎用累犯条款似乎逐渐成为司法实践共识,而此时最高人民法院却在盗窃罪认定中给出了一个截然不同的意见。历史上,最高人民法院在盗窃罪认定中对盗窃前科评价、累犯如何认定等问题始终态度含糊。早在1998年最高人民法院《关于审理盗窃案件具体应用法律若干问题的解释》第六条第三款第四项就规定过,盗窃数额达到"数额较大"或者"数额巨大"的起点,如果是累犯,就可以分别认定为"其他严重情节"或者"其他特别严重情节"。该规定在当时引起极大争议,其中最重要的一条反对意见就认为,将刑事前科升刑格处罚后还要按照刑法总则累犯再次加重处罚,违背了禁止重复评价原则。[①]至于量刑升格后是否继续适用累犯问题,最高人民法院彼时没有表态。

最高人民法院近年对前科作为定罪条件后累犯适用问题的表态,让情况更加错综复杂。2013年,"两高"《关于办理盗窃刑事案件适用法律若干问题的解释》第二条第(一)项规定,曾因盗窃受过刑事处罚,盗窃公私财物的,"数额较大"标准可以按照定罪数额的百分之五十确定。此时大家都关心的问题是,盗窃前科已经被作为定罪标准所使用后,量刑情节上是否还可以以该前科为依据,认定其累犯? 否定说认为此为重复评价,不应再认定犯罪嫌疑人是累犯。肯定说认为,应遵循法教义学和立法本意,认定

---

① 胡乾辉、明新春:《盗窃犯罪累犯不宜加重处罚》,《人民司法》2006年4月(上),第63页。

其累犯情节。最高人民法院显然支持了后者肯定说,认为"本条是在法律规定的框架内,对盗窃'数额较大'明确的另一个具体认定标准,故对根据本条已构成盗窃罪的行为人,如同时符合累犯成立条件的,依法从重处罚,并不存在双重从重问题"。[1]显然,寥寥数语反映出最高人民法院对定罪标准与量刑情节作了区分,认为两者并不重复,而且要求依照刑法总则中累犯规定依法从重。2017 年青浦区人民法院办理的张某某盗窃案中,严格依照最高人民法院上述司法观点,认为被告人张某某有多次盗窃前科,2017 年 6 月因犯盗窃罪被法院判处有期徒刑六个月,刑满释放后不久张即至店铺盗窃手机、现金等财物,虽其盗窃金额未达 1 000 元的"数额较大"标准(上海市规定),但根据有盗窃刑事前科人员数额较大标准减半的解释,遂认定张已构成盗窃罪的同时,还认定其已构成累犯。但也有反对意见,如江西省赣州市中级人民法院就不认同最高法院的观点,在判决中就直接认为盗窃前科作为定罪条件后再作为量刑情节,有违禁止重复评价原则,不能再认定为累犯。[2]

最高人民法院的观点影响到例如伪造、买卖国家机关证件、公文罪的累犯认定问题。如,2013 年上海市出台的《关于本市办理部分刑事犯罪案件标准的意见》第一条第二款第(一)项明确,曾因伪造、买卖国家机关证件、公文行为被刑事处罚或受过两次以上行政处罚,或者两年内因上述行为受过行政处罚,再次非法实施该行为的,均定罪处罚。2017 年,青浦区人民检察院办理的李某伪造身份证件案中,认定李某于 2016 年因犯伪造、买卖国家

---

[1]　胡云腾、周加海、周海洋:《〈最高人民法院、最高人民检察院关于办理盗窃刑事案件适用法律若干问题的解释〉的理解与适用》,《人民司法》2014 年第 15 期,第 19 页。

[2]　参见肖福林:《前科作为定罪条件后不能再作为量刑情节》,《人民司法》2015 年第 2 期,第 28 页。

机关证件罪被上海市奉贤区人民法院判处有期徒刑,2017年再次伪造身份证两张被抓获(上海市规定三张以上定罪处罚),就依照最高人民法院在盗窃罪中的观点,认定李某曾因犯伪造、买卖国家机关证件罪被刑事处罚,本次又伪造身份证件,其行为已构成伪造身份证件罪,同时符合累犯条件又构成累犯,从重处罚。法院此后也采纳了公诉机关意见,判决已生效。

三、禁止重复评价与累犯关系

笔者认为,最高人民法院对上述盗窃罪中累犯认定的观点是狭隘的。典型的重复评价,包括定罪上的重复评价和量刑上的重复评价。早就有学者指出,"刑法上的禁止重复评价,是指在定罪、量刑时,禁止对同一犯罪构成事实予以两次或者两次以上的重复评价"。[1]重复评价是对犯罪构成事实的重复评价,虽然表面上,禁止重复评价多数会出现在量刑情节上,但必须明确的是,"禁止重复评价原则既是量刑原则,更是定罪原则"。[2]禁止重复评价原则大致包含的内容有:"(1)禁止将已经被刑法评价的不利定罪情节再次作为定罪情节进行刑法上的评价;(2)禁止将已经被刑法评价的不利定罪情节作为量刑情节进行刑法上的评价;(3)禁止将已经被刑法评价的不利量刑情节再次作为量刑情节进行刑法上的评价。第一种情形就是定罪上的禁止重复评价,第二和第三种情形就是量刑上的禁止重复评价。"[3]因此,最高人民法

---

① 于志刚:《刑法总则的扩张解释》,中国法制出版社2009年版,第217页。

② 周光权:《论量刑上的禁止不利评价原则》,《政治与法律》2013年第1期,第109—110页。

③ 谭轶城:《论刑法评价中的禁止重复评价原则》,华东政法大学2010年硕士学位论文,第17页。

院认为将"前科"仅仅看作"数量较大"(或"情节恶劣")的另一种具体定罪认定标准,"不涉及量刑情节",所以不违反禁止重复评价原则,不妨碍累犯条款的适用的观点,不符合禁止重复评价的内容,从法理上更无法站得住脚。严格来说,前科一旦作为定罪认定后,量刑上的任何评价均是重复评价的一种形式。故而,最高人民法院既然已经将前科评价为入罪的标准,入罪后再行进行累犯的量刑考量,这就是一种不折不扣的重复评价。

前文所述的累犯适用问题上的冲突矛盾,归结到一点,就是禁止重复评价原则能否使得累犯条款失效。笔者在认同最高人民法院肯定立场的同时,却对其解释的理由不能认同。累犯条款不能因禁止重复评价原则而失效,最主要的原因是未能厘清两者之间的联系、区别,其主要有以下几点:

第一,累犯不仅仅是一种定罪、量刑情节,不能顾此失彼。在司法实践中,对有前科的人员,为了强化惩戒屡教不改者的社会效果,无论是再犯或者累犯均应当从重处罚,再犯是酌定从重情节,累犯是法定从重情节,后者的加重幅度要明显高于前者。因此,从这种意义上而言,累犯是一种特殊的量刑情节。2011年《刑法修正案(八)》更是扩大特殊累犯的主体范围,增加了对判处死缓的累犯限制适用减刑及累犯不得适用缓刑、不得适用假释等特殊规定,从某种意义上而言,累犯不仅是定罪、量刑情节,更肩负、包含了从重打击危害性极大的犯罪及刑罚如何执行的任务、内容,仅因为累犯是定罪、量刑情节而不适用,系将累犯等同于再犯,与立法原意不符。

第二,累犯是刑法总则第六十五条、第六十六条所明确定义的法律概念,严格说属于立法解释的权限范围。刑法理论学界始终认为,刑法分则中大量出现以"数额较大""情节严重"或者"情节恶劣"作为定罪标准的认定,不应包括行为人犯前表现、犯后态度以及是否为前科、累犯,不能因司法机关作出具体罪名定罪标准的解释时违反禁止重复评价原则在先,而以刑法总则累犯条款选择性失效以纠偏在后,否则就侵犯了立法权。

第三,累犯本身就是一种特殊的重复评价机制,不能再次机械套用禁止重复评价原则。如在毒品再犯问题上,是否适用累犯就引起过极大争议,2000 年最高人民法院认为既然认定了毒品再犯,就不再适用累犯,但对刑法总则条款的不适用引起很多不利的处罚后果,如丧失了缓刑、假释等刑罚执行限制,甚至对再犯规定的后果不及对累犯的后果严厉,造成得不偿失。2008 年最高人民法院在《全国部分法院审理毒品犯罪案件工作座谈会纪要》中态度大变,明确规定对同时构成累犯和毒品再犯的被告人,应当同时引用刑法关于累犯和毒品再犯的条款从重处罚。另外,作为定罪中的犯罪构成要素,显然在量刑当中不能完全排斥重复评价。所有以行政处罚或前科作为定罪标准的罪名,都存在认定过程中重复使用了已评价的前科劣迹情节,而后又为禁止重复评价原则主动回避的问题。此观点前后矛盾,法律逻辑也不能自洽。

第四,禁止重复评价原则适用应当统一、规范。刑法理论学界一般认为,现代刑法意义上的累犯,更多地强调犯罪人的人身特征,累犯是一种人身危险性较大的特殊犯罪类型。首先,将前科劣迹作为定罪标准,主要是将行为人再犯时的主观恶性、人身危险性纳入评价内容,并非再次评价前行为。其次,将前科作为定罪的因素,处罚的是现行行为,而非前科行为和累犯的前行为,不会造成二次处罚,也与重复评价无关。再次,如果仅仅因"禁止重复评价原则"而导致累犯条款从常见罪名中彻底失效,这也意味着此类案件不再有累犯。

新时期,因禁止重复评价原则理论研究上的薄弱及受最高人民法院观点的影响,司法实务中累犯条款选择性失效问题愈发严重,各个罪名之间做法不一致,地方与地方的做法也不一致,极大影响了刑事司法的权威性、公平性。司法机关为了社会稳定的需要,随意在司法解释中运用法律拟制,把前科劣迹作为定罪标准,不利于对犯罪人权益的保障。笔者认为,考虑到累犯制度本身就是一种特殊的重复评价机制,其内容不仅仅是一种构成犯罪的事实,刑法总则中所建立的累犯制度除了法律的特殊规定外,应当适用于所有罪名。司法机关通过解释的形式将前科劣迹纳入"数额较大""情节严重""情节恶劣"等定罪标准,实则对过去已经被刑事法律评价的行为再次进行刑事评价,侵犯了立法权,不具有合法性、正当性,应当逐步取消并禁止。

第二节　数罪并罚问题

《中华人民共和国刑法》第六十九条规定,判决宣告以前一人犯数罪的,除判处死刑和无期徒刑的以外,应当在总和刑期以下、数罪中最高刑期以上,酌情决定执行的刑期。根据上述条文规定,实践中对同种自由刑采用限制加重原则进行并罚,操作起来并无争议,但当行为人所犯的数罪中既有判有期徒刑的,又有判处拘役或管制的异种自由刑,该如何合并执行,实践中存在争议。

一、拘役、徒刑合并执行

(一) 问题的提出

2008 年 11 月公诉机关以被告人肖某涉嫌抢劫罪、盗窃罪起诉至法院。法院判决认为,被告人肖某抢劫罪名成立,判处有期徒刑一年六个月,并处罚金人民币八百元;盗窃罪名成立,判处拘役六个月,并处罚金人民币六百元,决定对肖某合并执行有期徒刑一年六个月,并处罚金人民币一千四百元。

对异种自由刑如何合并执行,学术界目前主要有以下几种主张:一是分别执行说,即对宣告的各个不同种有期自由刑,先执行较重的刑种,再执行较轻的刑种;二是吸收说,即采用重刑吸收轻刑的规则决定应执行的刑期;三是折抵说,又称折算说,以性质最重的有期自由刑为基准,其他性质的有期自由刑一律折算成性质最重的有期自由刑,然后按照限制加重原则决定应执行的刑罚;四是比例并罚说,主张对于不同的刑种从重到轻,分别执行一定比例的部分刑期。①

因此,上述案例法院对肖某的判罚,我们司法实务部门存在"并还是不并"执行及"该如何合并"执行的观点分歧,具体为:(1)肖某的拘役和徒刑要不要合并执行?一方认为拘役和徒刑应合并执行,另一方认为徒刑和拘役应分开执行,对本案而言,先执行有期徒刑,再执行拘役。(2)肖某的两罪应采用何种方式合并执行?一方认为应采用折算的方式,即以徒刑为基准,将拘役折算,然后按照限制加重原则合并执行肖某的刑期,另外一方则主张采用吸收原则执行徒刑与拘役的并罚,从本案判罚来看,法院的法官就是采用了吸收方式,采用将肖某较重的徒刑吸收较轻的拘役,合并后只执行抢劫的徒刑,不再执行盗窃的拘役。

(二)法理研究

笔者赞同对肖某的徒刑和拘役采取折算的方式合并执行刑期,具体合并方式是以徒刑为基准,对拘役折算后采用限制加重原则并入(徒刑)基准,合并执行肖某的徒刑刑期。具体理由阐

① 参见高铭暄、马克昌主编:《刑法学》,北京大学出版社 高等教育出版社 2000年版,第295—296页。

述如下：

1. 分别执行说不妥当

对肖某的徒刑和拘役持分别执行的观点有一定的法理基础。1958年4月7日最高人民法院曾在《关于管制期间可否折抵徒刑刑期问题的复函》中明确指出："徒刑的刑罚较管制的刑罚为重，徒刑和管制的执行方法也不同，徒刑是在劳动改造机关监管执行，而管制并不这样执行。因此，管制的刑期不宜折抵徒刑的刑期。"1981年最高人民法院继续指出，"由于管制和拘役、有期徒刑不属于同一刑种，执行的方法也不相同，如果按照数罪并罚的原则决定执行的刑罚，刑法中并无具体规定，因此可按照1957年2月16日法研字第3540号复函的意见办理，即在对新罪所判处的有期徒刑或者拘役执行完毕以后，再执行前罪所没有执行的管制"。①最高人民法院数次司法解释实质上支持这样一个观点：即异种自由刑在执行方法不同时，应分开分别执行。而根据刑法规定，拘役与徒刑执行机关不同，拘役由公安机关执行，徒刑在监狱执行；拘役实行同工同酬，每月可回家一天至两天，徒刑没有这样规定。据此，持分别执行观点者根据最高人民法院司法上述解释精神适当延伸，对本案中肖某两罪的拘役、徒刑处罚作出应分开执行，不能合并执行的论断。

笔者认为，分别执行观点本质上是支持对不同自由刑实施并科，违背了《中华人民共和国刑法》第六十九条对自由刑适用限制加重原则的立法本意，最终导致对犯罪实施过于苛刻的处罚。而并科原则强调刑罚的威慑功能，是报应主义刑罚思想的产物，在执行了较重的有期自由刑以后，再执行较轻的自由刑，所体现的

---

① 参见最高法院：《关于管制犯在管制期间又犯新罪被判处拘役或有期徒刑，应如何执行的问题的批复》(1981年7月27日)。

只是对犯罪人的惩罚,与我国对犯罪人适用刑罚的改造目的不相符,不利于对罪犯的教育改造;就罪犯改造的实际情况看,在执行有期徒刑,尤其是刑期较长的有期徒刑以后,再执行拘役,也违背了我国刑法中主刑不能附加适用原则。在实践中,我们只是对附加刑采用并科原则进行合并执行。而且最高人民法院上述司法解释只是表明管制与拘役、有期徒刑之间不能换算,没有提到本应该提到的拘役与有期徒刑之间能否换算的问题,上述司法解释精神没有明确禁止拘役与有期徒刑之间的换算。综上所述,对肖某判罚采取分别执行的观点不妥当。

2. 折算优于吸收

当明确对肖某的判罚采取合并的方式执行后,接下来的问题自然是该采取何种方式并罚。持吸收的观点认为对于数罪中同时判处有期徒刑、拘役的,或拘役期间又犯新罪被判处有期徒刑的,在决定执行刑罚时,可以采取重刑吸收轻刑的办法,只决定执行有期徒刑。支持者认为采用吸收原则并罚既体现了法律的严肃性,又符合并罚的原则,且简便易行。

笔者认为,对死刑、无期徒刑的并罚,实践中采用吸收原则合并确实较为适宜且便利,也符合我国刑法改造犯罪人员的最终目的,因为一罪已是无期或死刑,再处一个无期或死刑既无必要也损刑法尊严,但若普遍适用于其他刑种则弊端相当明显。第一,吸收原则违背了罪刑相适应的刑法基本原则,因为吸收原则是在数个宣告刑中选择最重的刑罚作为最后应执行的刑罚,其余较轻的刑罚被最重刑罚所吸收,不再执行,这样出现的结果即是犯数罪者和犯一重罪者被判处相同的刑罚,有重罪轻罚之嫌。第二,吸收原则也违背了《中华人民共和国刑法》第六十九条确立的有期自由刑并罚应适用限制加重原则,由于犯数罪与犯一罪承担的刑事责任相同,在客观上会造成轻纵甚至鼓励已犯重罪之人多犯轻罪，不利于刑罚的特殊预防和一般预防的实现，最后可能导致刑罚的威慑功能丧失。①当今各国刑事立法也极少采用这一原则。②

　　对肖某的两罪采取折算方式合并执行有充分的法理依据。一是拘役与有期徒刑之间虽在刑罚的执行主体、执行地点、待遇等方面有一定差异，但拘役与有期徒刑均为剥夺人身自由的刑罚，二者之间的差别毕竟有限，都要对罪犯予以关押，都是剥夺罪犯的人身自由，具有可折算性；二是《中华人民共和国刑法》第四十四条规定"拘役的刑期，从判决执行之日起计算，判决执行以前先行羁押的，羁押一时折抵刑期一日"，第四十七条规定，"判决执行以前先行羁押的，羁押一日折抵拘役一日或者有期徒刑一日"，这样，拘役与有期徒刑之间有法定的折算方法，具有操作的可行性；③三是折算说为限制加重原则的适用提供了可行的途径，也有效贯彻了不能对同一犯罪人同时执行两个以上主刑的刑罚原则，同时避免了分别执行的严苛性和吸收执行轻纵容罪犯的弊端。

　　综上，折算说虽有一定缺陷，但与其他观点相比，折算的观点还是比较现实、合理、可行的。在没有具体的法律法规明确出台规定之前，笔者赞同对拘役与有期徒刑之间折算并罚，先将拘役一日折算为有期徒刑一日，然后依照《中华人民共和国刑法》第六十九条规定的限制加重原则，决定应执行的刑期。因此，本案中

---

　　①　参见单晓华、李晓林：《数罪并罚原则探析》，《沈阳师范大学学报（社会科学版）》2005 年第 6 期，第 44 页。

　　②　参见王胤颖：《外国刑法数罪并罚规定的比较与借鉴》，《犯罪研究》2005年第 2 期，第 70—80 页。

　　③　当然，也有学者认为，《中华人民共和国刑法》第四十四、第四十七条规定的是判决执行前先行羁押的期限如何折抵刑期的问题，而不是规定不同种刑种如何换算的问题。把刑法规定的刑期折抵扩大解释为刑种的换算，是没有法律依据的。

对肖某徒刑与拘役之间采用折算原则合并执行最为妥当。

当然，处以拘役之罪的犯罪性质与社会危害性都比处以有期徒刑之罪要轻，有期徒刑的性质及严厉程度重于拘役，拘役折算为有期徒刑时的换算与所判数罪均为有期徒刑之间的换算在量刑幅度上应有所区别，对拘役折算成徒刑再与徒刑合并时，操作上应采取从轻主义。

3. 小结

《中华人民共和国刑法》第六十九条规定，判决宣告以前一人犯数罪的，除判处死刑和无期徒刑的以外，应当在总和刑期以下、数罪中最高刑期以上，酌情决定执行的刑期。《中华人民共和国刑法》第六十九条所确定的限制加重原则虽然明确了合并后刑期应在合并前数罪中最高刑以上，但刑法学界和司法实务部门对条文中"以上"的理解并不一致，具体而言，对采用限制加重原则决定执行后刑期是否包括数刑中最高刑期和总和刑期的本数，存有不同的认识。

本案例中法院对肖某的判罚有这样一种可能：法院并没有采用前面我们已讨论的吸收并罚方式，而是采用了折算并罚方式，其方法是先将拘役六个月折算为有期徒刑若干，以有期徒刑一年半为基准，然后根据《中华人民共和国刑法》第六十九条规定的限制加重原则，最后决定合并执行有期徒刑一年半。概括地说，拘役与徒刑折算合并后，合并执行的刑期还是为数罪中最高刑期的本数（即有期徒刑一年半）。上述观点的法律依据是《中华人民共和国刑法》第九十九条，该条规定，本法所称的以上、以下、以内，包括本数。故肖某数罪合并后可以执行合并前数罪中最高刑期本数。

如果以第九十九条为依据，将第六十九条中的"以上""以下"理解为包括本数，似乎以上适用有一定的法律基础。但笔者认为,这种适用方式严重违背了第六十九条所确立的限制加重原则。本案例中,将肖某数罪合并后只执行合并前数罪中最高刑期数,如果这是一种折算式合并方式的话,其结果是引起他人理解误会,无法同吸收式合并方式分别开来。再如某人犯抢劫罪被判有期徒刑三年,犯故意伤害罪被判二年,将《中华人民共和国刑法》第六十九条里"总和刑期以下"理解为包括本数,合并执行有期徒刑五年,这种粗糙的合并方式与并科原则没有区别。[①]在没有相关法律法规出台前,法院如何做到忠实地执行《中华人民共和国刑法》第六十九条限制加重原则,自觉地回避将合并执行刑期数包括合并前数罪的本数或总和刑期本数,以示与吸收原则或并科原则相区别,是目前我们所遇到的一个比较困扰司法实践的难题。

二、服刑期间漏罪问题

罪犯在服刑期间如实交代同种漏罪,刑满释放后才被查证属实该如何判罚,一直是司法实践中较为复杂的问题。最高人民法院《关于判决宣告后又发现被判刑的犯罪分子的同种漏罪是否实行数罪并罚问题的批复》(1993年)明确,法院的判决宣告并已发生法律效力以后,刑罚还没有执行完毕以前,发现被判刑的犯罪分子在判决宣告以前还有其他罪没有判决的,不论新发现的罪与原判决的罪是否属于同种罪,都应当依照刑法的规定实行数罪并罚。而并罚依据是《中华人民共和国刑法》第七十条,即判决宣告以后,刑罚执行完毕以前,发现被判刑的犯罪分子在判决宣告以

---

①　类似观点可参见龚培华主编:《法律适用手册·刑法分册》,上海社会科学院出版社2006年版,第92页。

前还有其他罪没有判决的，应当对新发现的罪作出判决，把前后两个判决所判处的刑罚，依照本法第六十九条的规定，决定执行的刑罚，也就是采用通常所说的"先并后减"的并罚方法。但罪犯交代漏罪后，由于执行看管机关的耽搁、侦查机关未启动漏罪侦查程序、公文来回时间延误等原因，对漏罪的起诉、判罚均在原判刑罚执行完毕之后，对被告人如实交代漏罪的情节该如何认定、是否也需要将漏罪判罚后与前罪进行并罚等法律适用问题，亟须刑事司法实务部门达成共识。

（一）基本案情

罪犯张某某因多次盗窃计价值人民币一万余元的财物，2011年1月10日被法院以盗窃罪判处有期徒刑九个月并处罚金。在服刑期间，张某某亲笔坦白其伙同他人曾至嘉定区黄渡镇附近一家电子厂实施盗窃，窃得数码相机、保险箱等财物，其中保险柜内有现金人民币一万余元。上海市公安局刑侦总队将该情况反馈至嘉定公安分局核查，但无法核实。后上海市公安局刑侦总队又将该情况转至青浦公安分局核查，经调查，发现青浦区华新镇（与黄渡镇毗邻）某电子有限公司曾发生过盗窃案，被窃情形和财物与张某某交代较为吻合，故推测可能为其所交代的盗窃事实。但几经来回，张某某已于2011年7月31日刑满释放，公安机关无法对其进行进一步核实。后青浦公安分局对现场提取的指纹进行比对，发现现场遗留指纹确系张某某所留。2012年2月1日公安机关对张某某批准刑事拘留并网上追逃，同年2月6日张某某被公安机关抓获归案。

（二）服刑期间交代的漏罪系同种罪行是否认定为自首

本案对张某某行为是否应认定为自首争议较大。第一种观点认为，张某某在服刑期间供述的系同种（盗窃）罪行，不构成自首。其法律依据为最高人民法院《关于处理自首和立功具体应用法律若干问题的解释》(1998年)第四条规定,已宣判的罪犯,如实供述司法机关尚未掌握的罪行,与司法机关已掌握的或者判决确定的罪行属同种罪行的,可以酌情从轻处罚,如实供述的同种罪行较重的,一般应当从轻处罚,故认定张某某行为适用《中华人民共和国刑法》第六十七条第三款能如实供述自己的罪行的规定,可以从轻处罚。同时适用数罪并罚的原则,根据《中华人民共和国刑法》第六十九条的规定,把前后两个判决所判处的刑罚合并执行。

第二种观点认为,张某某因前罪正在服刑,其间能如实交代司法机关尚未掌握的罪行,而该罪行的起诉、判罚时间在原判决执行完毕之后,所以对张某某而言,其主动交代的盗窃罪行实际上是一种新罪,和前罪没有瓜葛,故其在服刑期间的交代行为应认定为自首,故适用《中华人民共和国刑法》第六十七条第二款规定:被采取强制措施的犯罪嫌疑人、被告人和正在服刑的罪行,如实供述司法机关还未掌握的本人其他罪行的,以自首论。

第三种观点认为,张某某服刑期间交代司法机关尚未掌握的罪行,但当时因各种原因并未查实,原刑罚执行完毕后方才查实,张某某的亲笔坦白无异于主动投案行为,故对张某某的行为认定为自首,应适用《中华人民共和国刑法》第六十七条第一款规定。

笔者同意第一种观点。理由为:(1)依据法律的规定。刑法第六十七条第二款已经明确规定正在服刑的罪犯如实供述司法机关还未掌握其他罪行的,以自首论,本案中张某某交代的是同种罪行,不能适用该款。而且最高人民法院《关于处理自首和立功具体应用法律若干问题的解释》也明确了其他罪行和同种罪行之间不同的法律适用,该解释第四条规定被羁押的犯罪嫌疑人交代同种罪行的,可以从轻处罚。法律已经明确规定了在服刑期间交代同种罪行不以自首论,就应该严格按照法律的规定处罚。(2)从法律公平、公正性上来说,本案对张某某适用自首条款也不妥。如果对张某某服刑期间供述同种罪行适用自首条款,对其他在侦查期间便能如实供述自己同种罪行,而却只能按照司法解释得到酌情或一般从轻处理的犯罪嫌疑人来说,法律适用上明显有失公平。服刑期间交代司法机关尚未掌握的罪行,是罪犯在长时间羁押及教育改造之后的悔罪醒悟行为。前者的认罪态度远不及在侦查阶段便能如实供述自己罪行的罪犯。前者对提高司法效率、节约司法资源的作用也不如后者。因此,如果对前者适用自首条款而对后者适用酌情情节,明显违背法律公平、公正原则。(3)司法机关对张某某悔罪交代的行为应当肯定,可以在法律许可的范围内加大从轻处罚力度,但不能盲目适用自首条款,否则变成法律适用中的原则性错误,性质完全不同。

(三)服刑期间交代的漏罪是否需要数罪并罚

《中华人民共和国刑法》第七十条明确了对原判罚还未执行完毕的情况下,发现罪犯漏罪,应该采用"先并后减"的并罚方法这一原则。但在本案中,张某某漏罪的判罚在原判罚执行完毕之后,是否仍需要按照上述原则进行数罪并罚有不同的观点。一种观点认为,本案不需要数罪并罚,因为张某某的漏罪是在原判刑罚实际执行完毕以后发现的,其在前罪被羁押至刑满释放的这段时间均应当视为前罪的执行期间,而不能视为漏罪的羁押期间,既然原判刑罚已经实际执行完毕,则不存在再进行数罪并罚的基础。

另一种观点认为,本案属于张某某在原判决宣告之前还有漏罪没有判决,漏罪的发现是在原判刑罚执行期间,漏罪一审判决时原判刑罚终止日期已过,在这种情况下应当进行数罪并罚。该观点认为,漏罪发现后开始侦查、审查起诉及审判的期间应当视为对被告人的诉讼羁押期间，而不应当视为原判刑罚的执行期间，在这种情况下不存在原判刑罚执行完毕的问题。实行数罪并罚比不实行数罪并罚对被告人有利，如果以漏罪一审判决时原判刑罚终止日期已过而不实行数罪并罚，就会导致因被告人以外的原因而使被告人承担不利后果的不合理情况，相同情况而受到不同对待，有违法律面前人人平等原则。①

笔者认为，上述两种观点分歧实质上是对《中华人民共和国刑法》第七十条何为"发现"漏罪有不同的理解，即以什么样的标准认定漏罪才被称为司法意义上的"发现"漏罪。有人持广义的"发现"标准，认为罪犯向司法机关如实交代自己漏罪，而司法机关没有合理的理由怀疑上述交代系罪犯为逃脱罪而捏造或者虚假陈述，即为发现漏罪。如本案，张某某如实向司法机关交代自己的漏罪，而这种交代确实无法合理排除怀疑之日起（正常情况下，没有人会编造新罪给自己增加刑期），原刑罚应视为中止执行，漏罪发现后开始侦查、审查起诉及审判的期间应当视为对罪犯漏罪的诉讼羁押期间，而不应当视为原判刑罚的执行期间。也有人持狭义的"发现"观点，认为"发现"漏罪的标准为案件移送（一审）法院审判之日起，即漏罪由公诉机关核实后向法院提起公诉时，为发现之日。此时，如果原判罚没有执行完毕的，应当对漏罪作出判罚后，根据《中华人民共和国刑法》第七十条之规定，实行数罪并罚；如果原判罚执行完毕的，应当不再实行数罪并罚，而是仅仅对漏罪进行单独判罚。还有一种折中的观点，认为发现漏罪的认定标准应当以公安机关对罪犯的漏罪是否立案侦查之日起。如本案，如果公安机关在张某某亲笔坦白之后便进行立案侦

---

① 参见《上海市高级人民法院刑二庭数罪并罚法律适用问题解答》（2008 年）。

21

查,立案之日应视为司法机关发现了罪犯的漏罪,后续的羁押也应视为漏罪发现后开始侦查、审查起诉及审判的期间。

（四）漏罪处罚应当以有利于犯罪嫌疑人为原则

本案中,张某某清楚交代了自己盗窃的具体方式、同案犯、窃得财物的详细信息及大致位置,主观上是希望能迅速接受数罪并罚,以获得并罚操作下的较短刑期。可以看出,张某某在服刑期间认罪悔罪态度较诚恳,由于盗窃发生距今已有两年时间,其对作案地点的交代存在偏差,但是这种偏差是客观因素所致,非张某某主观上避重就轻的行为,况且嘉定黄渡镇和青浦华新镇本来就是毗邻乡镇,来沪务工人员完全可能会混淆两者之间的地界。如果司法机关处理及时,完全能够在原审判罚执行期间完成侦查、审查起诉及审判等工作,根据"先并后减"的并罚方法,实行数罪并罚,这种漏罪的处罚方式对张某某最有利。由于未及时启动第二次侦查程序及来回时间拖延等因素,对张某某的漏罪采用新罪的处理方式,显失公平。本案处理漏罪不及时的责任应当由侦查机关承担,而非由张某某个人承担。

因此,从法理上说,张某某在服刑期间坦白交代漏罪,其应该得到二罪并罚的从轻处理结果。然而,在司法实践中,由于执法观念等因素的存在,罪犯在改造场所受到法律政策感召交代漏罪后,漏罪的判罚却发生在原判罚执行完毕之后,长此以往势必会对服刑罪犯欲坦白新罪的心理造成负面影响,不利于监管场所深挖犯罪工作,也违背了法律的公正、公平之原则。笔者认为,有必要对《中华人民共和国刑法》第七十条中何为"发现"漏罪作出一个明确的司法界定,认定的方式应当以有利于保障人权、有利于犯罪嫌疑人为原则。罪犯在服刑期间如实供述自己漏罪的,如无合理怀疑因素的存在,应立刻启动漏罪的侦查程序,并将侦查的启动之日视为漏罪的发现之日。

第三节　犯罪的认定

按照刑法学通说，一个行为是否认定为犯罪，在满足犯罪成立的所有要件之后，违法阻却性事由是排除犯罪认定的最后一道环节。一般而言，违法阻却性事由包括正当防卫、法定职务行为、未达刑事责任年龄等。必须明确地指出，被害人过错行为（包括容让行为）并不是阻却犯罪认定的法定事由之一。

一、被害人容让行为

近年来，农村动拆迁领域职务犯罪层出不穷、屡禁不止，在切实保护被动迁农户利益的同时，应当对此类犯罪予以严厉打击。动拆迁是一项行政性较强的工作，一旦基层政府对动拆迁过程中骗取动迁款行为采取容让行为，势必对司法机关打击此类犯罪的法律适用形成障碍。

由于评估机制、监督约束机制不完善等原因，农村动拆迁领域的骗取动迁款的职务犯罪层出不穷、屡禁不止。动拆迁工作是一项行政性较强的工作，在切实保护被动迁农户权益的同时，司法机关应该加大对骗取动迁款职务犯罪的打击力度。然而，在动拆迁过程中，基层政府往往出于工程项目整体推进的考虑或者工作人员失职、渎职等原因，在明知被动迁户为多获取动迁款而非法改变土地性质抢种、抢栽，甚至明知个别工作人员与外来不法商人内外勾结共同实施上述不法活动，仍在此过程中视而不见、默许或者追认，致使动迁补偿资金肆意发放，最终造成国家巨额财产损失。此类案件一旦发生，必会严重影响被动迁农户对动迁

23

工作的公平感、获得感。被动迁农户对动拆迁工作的不公平感，又极易转化为对基层政府的愤懑，举报、信访等群体性事件会接踵而来，给司法机关后续诉讼工作带来较大压力，最终影响社会和谐稳定。因此，如何通过刑法手段有效防范、打击农村动拆迁领域骗取国家动迁款的职务犯罪，维护司法公信力，成为检察机关义不容辞的职责。

为讨论方便，笔者将基层政府在此类案件中明知情形下默认、许可、追认的行为，简称为"政府容让行为"。如何认定农村动拆迁过程中政府容让行为的法律性质，经政府容让的骗取动迁补偿行为，是否合法有效？政府容让行为可否阻却犯罪的认定？这长期以来一直是基层司法实践中所争议的热点问题。

下面，笔者通过引入司法实践中所办理的一起具体案例，对农村动拆迁中政府容让行为概念及法律定性进行分析，以抛砖引玉，为类似案件的定性提供理论依据。

（一）问题的提出

2014 年，夏某某担任某村村委会主任，受镇政府委托，行使耕地保护职责，同时受政府委托从事水库土地征用工作。2014 年 2 月，外来商人林某某等人获悉市政府建造水库且某村部分地块涉及动迁后，找到夏某某、种田大户鲁某某共同预谋，在鲁某某承包的 300 余亩动迁耕地上成片大批量种植名贵树木及开挖鱼塘养殖名贵鱼，并利用夏某某职务便利，里应外合骗取水库动迁补偿。此举遭到大批村民举报、信访。2014 年 6 月 27 日，林某某等人抢种、抢养基本结束时，镇政府发布动迁文件称，之前土地流转合同约定用途发生变化的，可以适当补偿。2014 年 11 月，评估公司对涉案地块评估如期结束后，林某某将抢种、抢养物移走他用。继而，镇政府在明知林某某等人行为的情形下，仍按照评估报告与鲁某某签订动迁协议。截至 2015 年 10 月，林某某等人通过上述行为共骗得动迁补偿款 1 742 万余元用于挥霍分成。本案因大批村民不断信访而得以案发。

根据《中华人民共和国刑法》第九十三条第二款规定及相关司法解释,村主任夏某某受政府委托有保护耕地及从事土地征用工作职责,应当以国家工作人员论。但本案是否认定为犯罪(贪污罪)存在较大争议。一种观点认为,夏某某与外来不法商人林某某等人勾结,利用协助人民政府从事行政管理工作的职务便利,共同骗取国家动迁补偿款,数额特别巨大,社会影响恶劣,应当对三人认定为共同贪污犯罪。另外一种观点则认为,林某某等人抢种、抢养属于投机行为,政府明知林某某等人有上述违法行为,仍然评估后如期发放了动迁款,既符合动迁政策,也能说明林某某补偿款的获取途径是合法有效的。一般情况下,农村这种类似的抢种、抢栽行为虽然违反承包规定,但确实可以获得部分补偿,故林某某等人无罪。

(二)法理分析

本案是否能够定罪处罚,关键在于政府为什么会有容让行为。下面,笔者对政府容让行为的相关概念及相关争议进行具体分析。

1. 政府容让行为的概念

政府容让行为的概念不能等同于政府瑕疵行为或者政府过错行为。首先,主观上,容让是政府工作人员在明知系骗局的情形下,未尽职责形式的失职、渎职,而正常情况下,工作人员应当以适当形式阻止动迁款发放至骗子手中而未阻止,继而使犯罪得逞。容让包括本案内外勾结的职务犯罪情形,在此种情形下,工作人员直接参与了骗取动迁款犯罪或者本人已成为犯罪团伙中的一员。对第三者而言,容让发生的原因不包括政府主观上不明知情形。政府主观上不明知,被他人蒙蔽、欺骗后发放动迁款的行为,即政府瑕疵、过错行为。主观上是否明知,是区分政府容让行为与过错、瑕疵行为的重要区别。

其次,从事先预谋上,政府瑕疵、过错行为更多地表现为政府工作人员在负责动拆迁时,面对骗局未能察觉、疏忽大意或者未能尽责后,如期发放动迁款造成国家财政资金损失的失职、渎职情形,在此过程中,工作人员与被动迁户没有事先的同谋。但容让行为,则更多地表现为政府主观上明知是骗补的圈套,仍就范配合并如期发放动迁款的情形。容让不排除内外勾结情形,而政府瑕疵、过错行为不存在内外勾结情形。从某种意义上来说,政府瑕疵或过错行为并不必然伴随着职务犯罪的发生,而容让行为必然伴随着职务犯罪的发生。

再次,从时间划分上,政府容让行为可分成两种类型,一种是犯罪行为基本完成之后政府的默许或追认,另一种发生在犯罪过程当中。第一种犯罪行为完成(动迁款如期发放)之后政府的默许、追认,属于行政权与司法权界限问题,并不妨碍司法机关对相关行为人刑事责任的追究,在这里不再展开讨论。第二种是政府容让行为发生在诈骗行为实施过程当中。后者从犯罪形式来看也可分成两种类型。一种是被动迁主体纯粹采用虚构事实、隐瞒真相的欺骗方式从政府处多获取动迁款,也就是前文所讨论政府过错、瑕疵行为,此时嫌疑人主观上投机性较强,期望工作人员在把关、审核过程中出现失职、渎职行为,犯罪实施过程中被政府发觉而罪行暴露的可能性极大。另一种是内外勾结形式,即政府中负责动迁工作人员或负责人勾结被动迁农户,通过改变土地性质的抢种、抢栽等行为骗取动迁款,如果在此过程中职务行为起关键作用,如肩负评估、谈判、协议签署等职责,则犯罪成功概率极高,如本文所讨论的案件类型。

2. 争议观点

虽然政府瑕疵、过错行为不能等同于容让行为,但对本案定性讨论却有一定的借鉴意义。政府过错、瑕疵行为是否阻却犯罪的认定，过去有过激烈的观点交锋。当时，否定的观点认为，政府瑕疵、过错行为不能阻却犯罪的认定，因为犯罪行为发生在政府瑕疵行为之前，至于动迁款是否到位属于既未遂问题，政府瑕疵行为属于被害人过错，政府瑕疵行为与嫌疑人犯罪属两个不同评价等。①肯定的观点则认为，政府过错行为不能转嫁他人，因为此种情形下，行为人投机性欺骗不同于刑法意义上"诈骗"，行为人行为与政府错误认识不存在因果关系，过错行为有转嫁政府过错陷人入罪嫌疑等，从而不宜认定犯罪。②综合比较上述正反两种观点，不难发现，两者所争议的关键在于政府本身过错的责任分担问题。持非罪化的观点认为，"政府工作人员能够多次阻断损坏结果出现的情形下，却始终看不到工作人员积极实施阻断危害结果发生的行为，最终导致国家补偿款损失结果的出现"，因此政府应当承担责任。③而入罪观点则反复强调一码事归一码事，"追究政府判断失误与追究嫌疑人造假是两个概念"，"嫌疑人使用诈骗手段致政府产生认识错误并交付财产，符合诈骗罪构成要件"。④

　　由于正反观点分歧较大，也未形成切实可行的解决方案，较大地影响了此后实务操作。笔者认为，即便在政府责任分配上的争议仍未解决的前提下，也不影响本案当中容让行为的定性。通过前文的讨论，政府容让行为与瑕疵、过错行为有着不同的内容，

---

① 参见王新：《政府对违建物发放拆迁款的行为不能阻断诈骗故意》，《中国检察官》2014 年第 9 期，第 3—5 页。

② 参见操宏均：《政府过错行为岂能转嫁他人》，《中国检察官》2014 年第 9 期，第 6—9 页。

③ 操宏均：《政府过错行为岂能转嫁他人》，《中国检察官》2014 年第 9 期，第 9 页。

④ 王新：《政府对违建物发放拆迁款的行为不能阻断诈骗故意》，《中国检察官》2014 年第 9 期，第 5 页。

这也就意味着两者所产生的法律责任也完全不同,不能混为一谈。特别是在内外勾结型的职务犯罪中,政府行使动拆迁过程中的不正常行为与诈骗(贪污)行为存在事实上的混同,但从法律意义上两者应当有所区别。此时,政府整体作为被害人的容让行为,是职务犯罪的应有之义,对犯罪分子而言,不存在过错问题。例如本案,村主任夏某某一旦与诈骗分子形成共谋后,利用夏某某的职务便利成了犯罪手段之一。事实上,夏某某本人就代表政府一部分,政府即便明知,也会毫无疑问地被骗。对政府而言,被蒙蔽后的容让行为并不是自己过错,而是被骗的结果。换句话说,政府的容让是工作人员出于非法占有目的,欺上瞒下,实施贪污犯罪的结果,而不是动迁款流失的原因,故此因果关系不能颠倒。

继而,也有不同意见认为,本案当中不仅村一级的夏某某有责任,评估公司、镇政府相关责任人员也同样存在容让行为,这是否影响到林某某等人案件的定性? 笔者认为,评估公司及镇政府相关负责人在大量群众信访的情况下,应当知道林某某等人抢种、抢养的实际情况,却故意放纵如期发放动迁款并获利的,应当以共同犯罪论处;如果故意放纵未获利的,应当以失职、渎职犯罪追究相关人员的刑事责任。因此,在工作人员沆瀣一气,上下均入罪的情形下,政府在法律意义上均不存在过错行为,也就谈不上责任分配问题。目前,对评估公司、镇政府相关责任人尚未追究刑事责任,也不代表政府对林某某等人容让行为就是合法有效的。

3. 定性分析

综上,笔者认为,本案当中政府容让行为非过错行为,不能阻却犯罪的认定。具体理由有:第一,政府容让行为并不是阻却犯罪认定的法定理由。林某某等人骗取动迁款犯意的形成及实施行为均发生在政府容让行为之前，政府容让内容无非是面对抢种、抢栽的现状，动迁款要不要发放及如何发放的问题，从法律技术层面仅涉及既未遂的问题。第二，如前文所述，本案政府在法律意义上不存在过错责任。本案系内外勾结型犯罪，从村一级到镇一级，政府部分工作人员已经涉及渎职犯罪，甚至成为了共犯，政府判断失误甚至放纵系负责动迁部门关键岗位上这些工作人员故意所致。当然，本案在追究村一级负责人刑事责任的同时，也不应当放纵镇一级部门领导的失职责任。究其根源，不能因为被害人的过错而否定本案犯罪定性。第三，本案的动迁款来源于镇以上的财政机关，就市、区机关而言，完全不知道下面发生的骗局，从始到终被蒙在鼓里，从某种意义而言，犯罪嫌疑人诈骗行为致使政府认识错误并交付财产，完全符合诈骗既遂的构成要件。第四，本案社会危害性极大。抛开所有的法律技术细节，就人民群众常识而言，外来不法商人为市重点项目动迁款而来，公然与本地种田大户、村委负责人相互内外勾结，堂而皇之地违反土地流转合同，将300多亩原本种水稻、蔬菜的耕地破坏成水塘、林地，成片种植名贵树苗，养殖名贵鱼苗达数千万颗（只）之多。从举报信件反映的情况来看，其栽种的密度之高、数量之多完全违背林业、渔业养殖常识，此时的"种"和"养"根本就不是汉语意义上的种、养概念，视其合法而套用动迁政策，纯属荒谬。故此，本案从社会危害性上也应当要以刑法进行规制。

（三）小结

农村动拆迁领域情况错综复杂，政府容让行为的发生原因也不一而足，对骗取动迁款金额巨大、社会危害性大的骗取动迁款行为运用刑法手段严厉打击的同时，也要注意防范定罪泛化问题。一般而言，农村动迁过程中骗取动迁款的，如果在此过程中负责动拆迁工作人员职务行为其起关键作用的，倾向以职务犯罪认定,对采取上述行为,又内外勾结,欺上瞒下,恶意共同骗取动迁补偿款的,以贪污罪定罪处罚。对被动迁农户出于投机目的,纯粹利用动迁时间差而抢种、抢栽等行为,而动迁工作人员出于整体项目推进作适当补偿的,则一般不作为犯罪认定。

二、抢劫前交付行为

世间的事物千变万化,行为的形态也多种多样,这也导致了理论上的犯罪虽然是一个完整的行为过程,但现实世界中的表征形式却不一而足。例如,在抢劫案件当中,会出现抢劫前已交犯罪嫌疑人的手机能否定为赃物的问题。

(一) 基本案情

被害人李某通过 QQ 聊天结识犯罪嫌疑人孙某。孙某与朋友商量想从李某身上弄些钱,便主动邀请李某前来相会。李某按照约定时间、地点见到孙某,孙某及其朋友等三人以带李某至其住处过夜为由,将李某骗至青浦区某村。在行路中李某将自己手机交予孙某玩游戏。当四人行至某处时,孙某的两朋友对李某进行暴打,胁迫李某将身上的钱物交出,在殴打过程中,孙某乘机携带手机先逃走。后未抢到其他财物的孙某等人聚在村外乘车逃离。

(二) 分歧意见

依照学理解释,抢劫罪既遂与未遂的区分,应以行为人是否实际占有公私财物为标准。①最高人民法院司法解释认为抢劫罪

---

① 参见张明楷:《刑法学》,法律出版社 2007 年版,第 715 页;或高铭暄、马克昌主编:《刑法学》,北京大学出版社 高等教育出版社 2000 年版,第 510 页。

侵犯的是复杂客体,既侵犯财产权利又侵犯人身权利,具备劫取财物或者造成他人轻伤以上后果两者之一的,均属抢劫既遂;既未劫取财物,又未造成他人人身伤害后果的,属抢劫未遂。[①]本案中被害人只是受轻微伤,犯罪嫌疑人也没有抢到其他赃物,据此,手机能否定为抢劫的赃物直接影响到孙某等人的量刑,也就是说如果手机不定为赃物,则本案抢劫未遂;如果手机定为赃物,则本案抢劫既遂。就手机能否定为本次抢劫的赃物产生了分歧。

一种观点认为,抢劫罪侵犯的财产权和人身权必须是同时发生的,抢劫的赃物应当通过暴力或胁迫等手段当场取得。本案中手机在抢劫之前已经由被害人主动交给犯罪嫌疑人,并不是孙某抢劫所得,故手机不能算抢劫赃物,应构成抢劫罪未遂。孙某拿手机的行为更符合诈骗罪或侵占罪的特征。

另一种观点认为,暴力发生前手机只是交予孙某玩耍,李某想拿回来就能拿回来,控制权始终在被害人手里。孙某及同伙有非法占有他人财物的共同概括故意,孙某在抢劫暴力发生时拿着手机逃走,本质上就是趁着被害人遭殴打、无反抗能力时的公开抢劫,是整个抢劫行为不可分割的部分,不能将孙某拿手机逃离的行为单独剥离,故手机是本次抢劫赃物,抢劫既遂。

(三) 法理研究

笔者倾向于上述第二种观点。仔细研究不难发现产生上述分歧观点原因有二:一是对抢劫罪中"当场"定义的如何理解问题,二是对孙某拿手机逃走行为能否单独剥离的问题。

1. 对当场概念的理解不应狭窄化

本案中判断手机是否定为抢的赃物,对当场的定义如何理

---

① 参见最高人民法院:《关于审理抢劫、抢夺刑事案件适用法律若干问题的意见》(2005 年 6 月 8 日)。

解是至关重要的。依照通说,抢劫罪是指以非法占有为目的,以暴力、胁迫或其他令被害人不能抗拒的方法,当场强行劫取公私财物的行为。《中华人民共和国刑法》第二百六十三条关于抢劫罪的规定并未表述"当场"一词,但无论是在刑法理论还是在司法实践中,都认为抢劫罪具备两个"当场"的条件,一个是当场实施暴力、胁迫,另一个是当场取得财物。有学者认为,抢劫罪中的当场应理解为抢劫罪中的强制行为与抢走财物的行为在发生的时间、场合具有统一性。[①]也有学者认为,所谓当场,就是指案件发生的现场,即行为人和被害人都同时存在的那一时空。[②]司法实践中认为抢劫罪中的当场一般具有两个特性:一是时间性,抢劫暴力时间必在行为人着手实施抢劫过程之中,而非抢劫行为着手之前,亦非取得财物之后。二是空间性,行为人、受害人和财物必须在同一空间中,也只有在同一空间中,才能有效抑制受害人反抗,获得财物。[③]

据此,第一种观点认为,被害人李某在抢劫暴力发生前已主动将手机交予犯罪嫌疑人孙某,孙某并非通过暴力当场获得手机,孙某取得手机财物的时间、空间都与暴力实施的时间、空间不具有同一性,所以手机不能认定为本次抢劫的赃物。笔者不赞同这种观点,该观点的错误在于对"当场"概念的理解过于狭窄。

正确理解抢劫罪中"当场"的含义,除了应当以条文本身用语所具有的客观含义为依据外,还需根据刑法所描述的犯罪类型的本质以及刑法规范的目的予以确定,从而使用语的规范意义与犯

① 参见王作富:《刑法》(第二版),中国人民大学出版社 2005 年版,第 425 页。

② 参见张鸥:《论抢劫罪与敲诈勒索罪的区别》,《广西政法干部管理学院学报》2005 年第 5 期,第 91 页。

③ 参见陈凌:《论抢劫罪中的"当场"》,《政法论丛》2006 年第 3 期,第 68 页。

罪的本质、规范的目的相对应。笔者认为暴力、胁迫或者其他方法与取得财物之间，即使存在时间间距或不属于同一场所，但在某些情形下，如果后实施的暴力与先前占有的财产存在必然联系，也应认定为当场取得财物。①

本案中，孙某占有被害人的财物在先，其两同伙对被害人实施暴力在后，虽然这种形式从表面上看占有他人财物与实施暴力之间存在某种断裂，占有他人财物并不在实施暴力的"当场"，但是后采用的暴力是针对先前占有他人财物而实施的，二者之间存在必然的联系，也应该视为抢劫罪的"当场"。

第一种观点的另一个错误认识：孙某拿手机逃走与其同伙殴打被害人是孤立的两个行为，所以孙某两个同伙并没有占有他人财物手机，故他们实施殴打被害人的行为与孙某最终非法占有该部手机之间没有什么必然关系。笔者认为，上述观点的错误在于把孙某拿手机逃走的行为与其两同伙殴打被害人的行为割裂开，这就涉及一个共同犯罪中概括故意下行为定性的问题。

2. 概括故意下行为定性

按照学理说法，概括故意是指行为人对于认识的具体内容并不明确，但明知自己的行为会发生危害社会的结果，而希望或者放任结果发生的心理态度。有学者认为，根据行为人认识的具体内容的不同，概括故意可以分为对行为认识不明确的概括故意、对行为对象认识不明确的概括故意以及对危害结果认识不明确的概括故意三种。对于概括故意的犯罪，应该考察行为人的客观行为及其结果，在概括故意的范围内按照主客观统一的原则予以认定。②因为概括故意的特点在于认识内容的不确定性，也就是说

---

① 也有学者认为暴力实施在先，取得财物在后的行为也宜定为当场取得财物，见张明楷：《刑法学》，法律出版社 2007 年版，第 715 页，注 10。

② 张永红：《概括故意研究》，《法律科学》2008 年第 1 期，第 79 页。

包含了多种故意的可能,所以实践中应该考察行为人的客观行为及其危害结果,在不超出概括故意内容的范围内,认定行为人的犯罪性质。

本案中,孙某及其两个朋友在暴力实施之前共同商量好要从李某身上弄些钱,主观上有非法占有财物的共同抢劫故意,随后孙某的朋友暴力殴打李某,胁迫其交出钱财,实施抢劫行为。在非法占有的概括故意下,孙某对其朋友对李某进行殴打抱着一种希望或放纵的态度,三人构成共同抢劫的概括故意。在概括故意下,孙某拿走手机的行为与其朋友对被害人殴打行为可以看成一个整体,三人都是本次抢劫的共犯,为最终社会危害性结果负法律责任。

3. 手机定为赃物的讨论

回答完概括故意下行为定性问题,我们再回到前面已讨论的抢劫罪中"当场"含义,进行综合分析。笔者认为,李某先前将自己手机的交予孙某玩耍的行为,并不是将手机送给孙某的意思,而是借其玩游戏,而且孙某一直在李某周围,手机的支配权始终是李某的。他想要拿回来便能拿回来。李某遭打失去反抗能力,恰恰这个时候孙某拿着借来的手机逃走,实质上就是使手机脱离李某控制范围。拿走财物与暴力实施从时间上似乎存在着断裂,但本质上却有着必然的因果联系:在李某并没失去对手机支配权的前提下,如果没有暴力的发生,孙某不可能在没有任何借口下"毫无名分"地拿走手机。所以,孙某拿走财物确实是趁着暴力实施(这种暴力正是其明知危害性后果却希望或放纵其发生的)"当场"行使的,从犯罪构成要件上,孙某及其同伙主观上有非法占有他人财物的故意,客观上也一同实施了具体抢劫行为,孙某同伙对被害人所实施的殴打行为与孙某拿着手机逃走行为具有整体性,所以手机应定为本次抢劫的赃物。

4. 孙某行为能否定为诈骗罪或者侵占罪

诈骗罪,是指以非法占有为目的,用虚构的事实或者隐瞒真相的方法,骗取公私财物,数额较大的行为。一般来说,行为人往往通过隐瞒真相的方法,使公私财物的所有人、管理人陷入错误,从而"自愿"交出财物。[1]本案中,孙某先前将被害人李某的手机拿在手里,似乎符合隐瞒真相,使被害人陷入认识错误,从而取得财物的特征,但是孙某暴力实施前只是取得手机的使用权,并没有取得手机的所有权。孙某真正取得手机所有权是在暴力发生时,这时取得手机的真正原因是孙某两朋友对李某进行殴打,李某自顾不暇,从而使孙某"从容不迫"地拿走手机,被害人李某谈不上自愿交出财物。正如前面笔者所讨论的,孙某趁着暴力发生拿走手机已成为抢劫犯罪不可或缺的组成部分,不能构成诈骗罪。

那么,孙某等人的行为是否构成侵占罪呢?我们认为,这种观点也是错误的。侵占罪,是指以非法占有为目的,将代为保管的他人财物,或者合法持有的他人遗忘物、埋藏物非法占为己有,数额较大,拒不退还的行为。拒不退还是指物主或者有关机关要求退还或交出财物,而拒不退还或交出,以此表明行为人具有非法占有该财物的目的。本案中,孙某借得李某的手机,确实是一种合法的保管行为,符合侵占罪有关非法占有目的、先行占有他人财物等构成要件。但是孙某是趁着被害人李某被殴打自顾不暇的时候拿着手机逃走的,不是一种拒不退还的行为。有人认为,孙某拿手机逃走被害人李某没办法请求其归还,孙某行为本身就是一种拒不归还的意思表示,就侵占罪立法原意来说,这种观点比较牵强。侵占罪的观点错误地割裂了孙某与其同伙行为

---

[1] 参见高铭暄、马克昌主编:《刑法学》,北京大学出版社 高等教育出版社 2000 年版,第 517 页。

之间的统一性。孙某在抢劫发生之前已经多次示意同伙对李某进行殴打以便获得财物,孙某最终获得先行占有财物是随着暴力发生而得逞的,侵占罪中获得财物的方式不存在任何暴力,被害人处于一种要不回财物的无可奈何状态。退一步说,即使孙某的行为部分构成侵占罪,但就整体而言又构成抢劫罪,在二罪竞合情况下,就应择其一重罪抢劫罪处罚。

三、共同犯罪的单方定性

未成年人共同犯罪时,罪与非罪认定的问题较为复杂。共同犯罪的认定,理论上一直存在激烈的争议,大体而言,存在两种不同的观点,即"行为共同说"与"犯罪共同说"。行为共同说最初由新派刑法学者所主张,认为共同犯罪的共同指的是行为的共同,也就是说,只要行为人实施了共同的行为,就可以成立共同正犯,不要求必须是同一或者特定的犯罪。犯罪共同说是指两人以上只有在共同实现特定犯罪时才能肯定共犯的成立。其中,有完全犯罪共同说与部分犯罪共同说之区别,前者主张两人以上只能就完全相同的犯罪成立共同犯罪,后者主张两人以上虽然共同实施了不同的犯罪,但当这些不同的犯罪之间具有重合的性质时,则在重合的限度内成立共同犯罪。司法实践中,共同犯罪的认定受部分犯罪共同说影响较大。①

传统共同犯罪理论认为,《中华人民共和国刑法》第二十五条第一款明确规定,共同犯罪是指二人以上共同故意犯罪,那么从

---

① 在我国刑法学界,部分犯罪共同说为张明楷教授所首倡［参见张明楷:《犯罪共同说之提倡》,《清华大学学报(哲学社会科学版)》2001 年第 1 期］,并逐渐被大多数学者所认同。

主客观相统一的意义(成立犯罪的条件)上理解共同犯罪,两人以上都必须是达到法定年龄、具有责任能力的人,而且二人以上都必须有共同的犯罪故意,否则不成立共同犯罪。但在司法实践中,依照此理论认定共同犯罪存在很多具体问题,其中包括有刑事责任能力人与无刑事责任能力人共同实施侵害刑法所保护法益的行为却不认为系共同犯罪后,所产生的各种难题。

(一)理论探讨

相对成年人刑事案件而言,未成年人案件中行为人低龄化特征较为明显,极易出现因责任年龄而出现共同犯罪的认定争议,影响到未成年人案件处理结果上的公平、公正及法律适用上的统一性、权威性。

案例一:2010 年夏天某日,甲(15 周岁)伙同乙(13 周岁)将被害人带至住处,采用暴力威胁的方式强行与被害人轮流发生性关系。

本案当中,二人轮流与幼女发生性关系,其中一人不满刑事责任年龄,是否认定已满刑事责任年龄的另一人具有轮奸情节?最高人民法院发布的"李某强奸案"案例中,对相似情形,主张认定"轮奸"情节的同时否认共同犯罪的成立,其认为之所以将轮奸作为强奸罪的加重量刑情节,理由在于轮奸对被害人的侵害更为严重,而这种危害并不会因为参与轮奸的行为人不满刑事责任年龄而发生任何变化。因此,该观点认为,轮奸是一种事实行为,仅作客观评价即可,与共同犯罪是否成立并无必然关系。①

而新的共同犯罪理论认为,犯罪的实体是违法与责任,共同犯罪是违法形态,认定二人以上的行为是否成立共同犯罪,只是解决二人以上的客观归责问题,并不解决二人以上的主观责任问

---

① 参见《刑事审判参考》(总第 36 集)案例第 280 号。

题。在认定共同犯罪时,完全没有必要提出和回答"共同犯罪犯的是什么罪"这样的问题。该理论还认为,司法人员在处理共同犯罪案件时,应当首先从客观违法层面"连带地"判断是否成立共同犯罪,然后从主观责任层面"个别地"判断各参与人是否有责任以及具有何种责任,①即共同犯罪要解决的问题是将客观违法事实归责于哪些参与人的行为,并不涉及对行为人责任能力的评价,因此有责任能力者与无责任能力者可以成立共同犯罪。

采纳上述两种观点都能达到殊途同归的案件处理结果,但回避了共同犯罪认定的问题实质。笔者认为,新的共同犯罪理论虽与传统观点不一致,却能一劳永逸地解决已达刑事责任年龄的人与未达刑事责任年龄的未成年人共同作案所引发的一系列理论和实务问题,也更具有法理上的优势。

(二)具体分析

根据刑法基本理论,在非共同犯罪中应当适用"罪责自负"的归责原则,即行为人只对自己的行为及后果承担刑事责任;在共同犯罪中则适用"部分行为,全部责任"的归责原则,行为人对其他共犯的行为及后果也要承担刑事责任。因此,共同犯罪的认定,能直接关系到罪责分配问题。

案例二:甲(15 周岁)求乙(16 周岁)为其抢夺做接应,乙同意。某夜,甲抢夺被害人手提包(内有一万元现金),并将包扔给乙,然后吸引被害人跑开,乙害怕坐牢,将包扔在草丛里,独自离开。②

从传统观点分析,甲、乙不构成共同犯罪。因为本案中甲尚未达到刑事责任年龄,其明显不构成犯罪,乙具有犯罪的主观故

---

① 参见张明楷:《共同犯罪是违法形态》,《人民检察》2013 年第 13 期,第 7 至 11 页。

② 摘自 2012 年司法考试卷二,9。

意,但其因害怕案发而将物品扔掉,系抢夺犯罪的中止。但司法考试真题的答案恰恰与传统观点相悖,命题者采纳了新的共同犯罪理论,即认为共同犯罪是一种共同违法行为状态,不再考虑甲的刑事责任年龄问题,故上题情形中,即使甲不构成犯罪,甲、乙也成立抢夺罪的共同犯罪。共同犯罪中,一人既遂,全案既遂,乙虽然害怕将被抢物品扔掉,但并不阻碍其成立抢夺罪的犯罪既遂,因此,乙系抢夺既遂。下面一个案例采用新的共同犯罪理论,也能较好地解决罪责刑分配难题。

案例三:甲(男,15周岁)欲将两公斤海洛因从西安运往广州,请乙(男,19周岁)与自己一同前往,并将运输毒品的事情告诉乙,乙答应了甲的请求。2012年12月1日晚,甲、乙二人一同坐火车从西安到广州,次日早晨下车后,二人被警方抓获。另查明,乙一路上只是单纯陪同甲,其间没有接触过毒品,毒品一直由甲保管。[①]

有责任能力者与无责任能力者都可能成立共同犯罪,但最终是否承担责任,则不是共同犯罪所要解决的,各参与人的责任问题不影响共同犯罪的成立。故甲、乙成立运输毒品罪的共同犯罪,甲是主犯,乙是帮助犯(其陪同行为是一种帮助行为),由于甲没有达到法定责任年龄,故不承担刑事责任,仅追究乙运输毒品罪的刑事责任。[②]因此,办理已满刑事责任年龄的人与未满刑事责任年龄的人共同作案的案件,应当首先从客观违法层面判断行为人是否成立共同犯罪,然后从刑事责任层面判断各参与人是否应当承担刑事责任。从上述两个案例中可以看出,共同犯罪是一种违法形态的观点日趋主流,更为关键的是,该观点能较好地解决

---

①②　惠琳琳:《各参与人的责任不影响共同犯罪的成立》,《西部法制报》2013年2月19日第4版。

罪责刑分配难题,实现实体上的公正。

(三)尾声

我国刑法条文中的"犯罪"一词,并非一概理解为"符合全部犯罪构成要件的行为"。《刑事审判参考》2007 年第 1 集的审判实务释疑栏目针对"教唆未满 14 周岁未成年人犯罪的如何处罚"的问题提出,《中华人民共和国刑法》第二十九条第一款规定,"教唆不满十八周岁的人实施犯罪,应当从重处罚",这里的"犯罪",应当主要从实施的犯罪行为角度去理解,并非指被教唆者的行为一定要符合犯罪构成要件从而构成犯罪。而所谓"实施的犯罪行为",就是指不考虑行为人刑事责任能力的客观违法意义上的犯罪行为。所以,对《中华人民共和国刑法》第二十五条第一款规定的"共同犯罪",也可以理解为二人以上共同故意实施刑法分则所规定的行为,而不必考虑共同行为人的刑事责任能力问题。

案例四:乙(15 周岁)系惯偷。2013 年 5 月至 12 月间,甲(16 周岁)在乙蛊惑、带领下,多次为乙望风,协助乙实施入室盗窃,所窃财物均被乙所占有分配。

本案当中,甲、乙是否可以认定共同犯罪,涉及更为重要的问题:对未成年人甲能否适用从犯。基于前文的传统观点,认为乙未达刑事责任年龄,不构成犯罪,故甲、乙不构成共同犯罪,在不构成共同犯罪的前提下,将甲认定为从犯便无从谈起。笔者反对前述观点分析。首先,本案若不当共同犯罪处理,则不能认定甲的行为构成盗窃罪,这是因为若单独考察甲的行为,只有当甲本人实施了符合盗窃罪的实行行为时,才可能认定其行为构成盗窃罪,但是,甲只是望风,并没有实施盗窃的实行行为。其次,本次若不当共同犯罪处理,则无法解决罪责刑相一致问题。就案件的事实而言,乙起主导作用,甲受乙的蛊惑、带领,事后乙支配占有窃得的财物,让甲对全部的盗窃后果承担刑责有悖公正。如果持共同犯罪是一种违法形态的观点,乙的刑事责任能力并不影响共同犯罪的成立,上述难题便迎刃而解。再次,将甲、乙认定为共同犯罪,且对甲认定为从犯,使甲可罚性完全取决于其在共同犯罪中的地位,也有利于对甲开展"教育、挽救"工作,符合少年刑事司法的原则。"总之,重新界定共同犯罪的本质,应当成为刑法发展的新潮流",①需要司法实践一线的办案人员重点关注。

---

① 阎二鹏:《共犯本质论之我见》,《中国刑事法杂志》2010 年第 1 期,第 27 页。

第二章　罪名定性问题

第一节　妨害公务罪法律适用

随着经济、社会、文化等全方位改革的不断深入,各种利益、矛盾交织,社会治安形势日趋复杂。上海市等大型城市外来人口的持续导入,对城市管理和社会治理能力提出了更高的要求,执法部门也加大了对违法违规行为的治理力度,但由于执法方式及执法对象观念上的诸多原因,妨害公务案件多发,并且呈现出多样化、复杂化发展态势。刑法所设立妨害公务罪的规定陈旧、抽象,而现实案件的复杂多样及司法实践中的自由裁量使得妨害公务罪在认定过程中出现了很多争议,甚至影响到了司法实践的公平、公正。

近年司法实践中,上海市妨害公务案件在数量上从"小罪"成了"大罪",其中袭警类妨碍公务占妨害公务案件绝大多数。妨害公务罪的设置目的是保护公务活动的顺利进行,它反映了公民权利和执法力量的强烈对抗。实践中,《中华人民共和国刑法》第二百七十七条妨害公务罪的司法认定已超越过去所限定的原则,主要表现为"暴力""威胁"采用广义含义,犯罪对象是公务活动而非公务人员,合法性认定采用"即时可判断标准"等内容。在司法扩

42

大化认定的背景下,对妨害公务罪的刑法条文亟须修改完善。

一、司法实践问题

(一)司法实践情况

近年来,对《中华人民共和国刑法》第二百七十七条妨害公务罪法律适用的实务研究比较热门,实践中妨害公务案件呈现出三个显著的特点:

一是数量上,从"小罪"成了"大罪"。根据统计,2005 年至 2008 年间,上海市青浦区人民检察院每年起诉的妨害公务案件数量仅为个位数。①直至 2010 年以后,妨害公务案件数量才每年攀升。上海市妨害公务案件从 2011 年的 296 件 383 人飙升至 2015 年的 1 132 件 1 436 人,5 年间增长了 275%,尤其是 2013 年、2014 年受案数量分别上升了 45.4% 和 67.2%。2016 年上海市检察机关审查起诉的所有罪名排位中,妨害公务罪数量跃至第 2 位,为 2 300 余件。2017 年上海市检察机关以妨害公务罪提起公诉 998 件 1 107 人,案件数有所回落。数年间,妨害公务罪成了与盗窃罪、寻衅滋事罪等传统罪名并列的"大罪",除了老百姓的直接感受差异外,连基层司法人员都大为惊叹。

二是袭警类妨碍公务占妨害公务案件绝大多数,与"运动式"执法关系密切。随着公安机关参与社会治理的力度不断增强,全国各地袭警类妨害公务案件数量不断攀升,作为经济发达地区的上海市更是如此。2014 年 1 至 11 月上海市妨害派出所民警、交

---

① 数据来源于陈丽娜:《妨害公务罪研究》,华东政法大学 2009 年硕士论文。

警执行公务的案件达到 900 件,占总量的 95.5%。据统计,近些年上海青浦区妨害公务案件基本都是袭警类案件,针对城管、工商等其他执法部门的妨害公务数量仅为个位数。针对新时期袭警类案件上升,虽然在 2003 年就有人大代表提出要在《中华人民共和国刑法》中增设"袭警罪",理论界也一再呼吁设置袭警罪或采用单独立法的形式维护人民警察执法权威,但立法部门尚未行为之时,妨害公务罪实质上已被作为袭警罪替代品高频使用了。外界环境的因素也推波助澜。2016 年 3 月,上海公安系统开展全市性交通大整治,大批民警被派遣至街头巷尾开展交通执法,针对执勤民警的妨害公务案件更是呈现"井喷式"增长。据上海市公安局通报,"自 2016 年 3 月 25 日交通大整治开始的一个月内,全市共查处抗拒民警执法案件 264 起,共计刑事拘留 109 人,行政拘留 97 人。单单宝山一个区,自交通大整治至 5 月初就发生妨害公务案件近 40 起,56 人被刑事拘留"。①

三是妨害公务罪的司法认定宽于法条规定。为有效保证人民警察执法权威,提升执法效率,2013 年 7 月由上海市高级人民法院、上海市人民检察院、上海市公安局、上海市司法局联合制定发布的《关于本市办理妨害人民警察依法执行职务案件适用法律的若干意见》(以下简称适用意见)的相关规定,细化了袭警类妨害公务罪的构成要件,大大放宽了入罪标准,"使以往相对较轻的行为纳入刑法调整范围,有效打击了妨害公务犯罪行为,同时也使妨害公务案件数量迅速增加"。②适用意见将"拉扯、推搡行为阻挠民警执法造成民警轻微伤或者群众围观"等一系列原本难以认

① 杭颖华:《对袭警妨害公务犯罪的思考》,《检察风云》2016 年第 16 期,第 38 页。

② 贺卫等人:《妨害公务案件实证研究——以上海市浦东新区人民检察院为视角》,《检察风云》2016 年第 6 期,第 39 页。

定为《中华人民共和国刑法》第二百七十七条"暴力、威胁"的内容纳入了入罪标准,更明确了诸如"殴打民警致轻微伤的,一般不判处缓刑"等刑罚处置性后果。而国人好围观的社会习性及轻微伤司法鉴定上的便易性,更放大了该意见的能动效果。因此,上海市袭警类妨害公务案件数量的飙升,与适用意见的出台存在着极大的因果关系。上海市浦东新区人民检察院统计,适用解释出台前的 2012 年妨害公务案提起公诉 93 件 139 人,出台当年 2013 年提起公诉 107 件 134 人,分别占同期全院起诉总数的 2.56%、2.15%;出台后 2014 年提起公诉 148 件 190 人,起诉数比上年上升 27.7%,而超过 60% 的妨害公务案件发生在执法人员对轻微违法行为的查处中,发生在抓捕犯罪嫌疑人或处置群体性事件中的案件不足 10%。[①]

(二)原因分析

妨害公务罪是社会转型期社会矛盾在刑事领域的集中展现点。随着城市化进程的加速,城市步入风险管理阶段,客观上需要政府加大社会管控力度,对社会生产、生活深度介入管理。当前,在城市化建设加速发展的大背景下,人口快速向大城市集聚,大型、特大型城市数量不断增加。从交通安全、保障大型活动的管理秩序、防止群体性事件、社会治安防控等角度,政府需要加大对外来人口、交通参与人、街头流动商贩、企业生产安全、食品安全等对象或事项加强管理。社会管理的"单兵突进"更容易激化矛盾,导致对立。例如 2016 年,为进一步加强社会管理,上海率先实施"交通大整治"活动,这种对交通违章行为的严厉处罚举措很容易诱发行政相对人的对抗,进而演化为妨害公务刑事案件。

---

① 贺卫等:《妨害公务案件实证研究——以上海市浦东新区人民检察院为视角》,《检察风云》2016 年第 6 期,第 38 页。

外来人口、执法对象的法制意识淡薄导致行为频频违法。在整治违法行为过程中,被执法对象不仅缺乏对法律规范内容的了解,也没有养成用法律手段解决诉求的思维和行为习惯。执法人员的执法行为只要触及其利益,很容易激化执法相对人及旁观人员潜在的暴力抗法思想,进而导致妨害公务行为发生。维权意识增强和"信法不如信访"等惯性行为方式并存导致在利益博弈时不当维权事件增多。妨害公务案件的日趋增多,不是一个法律问题,实质上是一个社会治理问题。在涉及自身利益的公共事件中公民维权意识增强,具体个案中会进一步转化为案件当事人的个人利益与公共利益之间的矛盾。在矛盾冲突和利益博弈过程中,目前公众中存在所谓"信法不如信访""大闹大解决""小闹小解决""不闹不解决"等种种说法。在执法相对人法治观念淡薄、利益失衡的情况下,多数当事人选择以对抗方式宣泄自己的不满情绪,进行所谓的"维权"行动,最终导致发生妨害公务行为。

(三)司法适用效果——权力与权利的博弈

1. 妨害公务犯罪社会态度调查

为做到不偏不倚,全方位多角度听取群众的意见。我们调查了犯罪嫌疑人、周边群众、一般群众、司法人员,具体方法包括问卷调查、焦点访谈、网上投票、论坛发帖、座谈、询问记录等,了解目前社会各群体对妨害公务的认知和态度。特别注意选取具有代表性的人群,注意比较他们的意见。

调查对象及其对妨害公务的认知状况和态度倾向如下:

(1)犯罪嫌疑人。我们查阅青浦区人民检察院 2017 年度上半年(2017 年 1 月 1 日—2017 年 7 月 25 日)妨害公务案件办理数据,发现在此期间共办理各类妨害公务案件 29 件 34 人。其中,男性犯罪嫌疑人为 21 人,女性犯罪嫌疑人为 8 人。这些案件中,采取直接殴打民警方式妨害公务的占绝大多数，达到 16 人；以撕咬等严重暴力方式阻碍执法的为 4 人；为逃避处罚驾车拖拽民警的及以推搡、拉扯方式阻碍民警依法执行公务的以及以自杀、自残方式各 2 人。由以上数据不难看出，嫌疑人阻碍执法的表现多为直接暴力抗法，此外群体性案件多结合推搡、拉扯，群众围观、交通拥堵等多种情形也是新型妨害公务犯罪的特征之一。上述案件中的绝大多数嫌疑人现已被检察机关依法批准逮捕。但被处罚的群众是否真的懂得行为危害，并认为罪罚相当？而知情群众对于有关人员的妨害公务处罚又持什么态度呢？通过讯问相关犯罪嫌疑人、查阅执法记录视频、审阅审查报告等多种途径，归结如下：仅 2 名犯罪嫌疑人否认行为存在危害，其余 27 名嫌疑人均认识到其妨害公务的行为对民警存在危害，审查批捕阶段均深刻认识到了自己的错误；但几乎所有的犯罪嫌疑人均认为罪刑不相适应，认为虽有妨害公务行为但情节轻微尚达不到刑罚处罚的程度，不知道妨害公务罪，也不知道不服民警的执法行为可以通过哪些途径解决（部分民警虽告知救济途径但嫌疑人情绪激动并未听取，部分嫌疑人文化程度较低确实不知情）。

（2）周边群众。我们查阅相关证人笔录、调阅监控视频、执法记录仪视频后，统计如下：上述 29 件妨害公务案件中有效证人为 113 人（以上数据为能具体描述案发经过的证人数据）。基本全部的证人均能够证实部分嫌疑人妨害公务事实，绝大多数证人在现场有劝说拉架行为，知道"民警打不得"，能认识到嫌疑人存在妨害公务的行为；但是他们同时表示，对于嫌疑人行为后果是否已经构成犯罪无法判定。不知道妨害公务罪的存在，只知道和民警对抗会被带回派出所。

（3）一般群众。对于一般群众的态度调查，我们采用了问卷调查、焦点访谈、网上投票、论坛发帖等方式来广泛收集意见。这几种网络调查新方式,反馈的数据非常具有戏剧性。调查主题为"关于妨害公务犯罪你怎么看?"有 68 名网民参与调查。其中,38 名被调查者认为"民警粗暴执法,嫌疑人打得好",占到被调查者总数的 55.88%;认为"不服民警决定可以通过复议、申诉等相关途径解决,嫌疑人暴力抗法不可取"的有 23 人,占总数的 33.82%;剩下的 7 名网民表示"说不清"。

在论坛上发布的相关妨害公务的帖子,其走向更是出乎预料。支持服从民警依法执行公务的只有相当少的一部分,大部分都是吐槽民警不作为、暴力执法,甚至一条长篇大论控诉民警勾结有权有势的恶霸嫌疑人对犯罪事置之不理的帖子被顶到"最赞",跟帖达 60 余条,均为附和或是举例证明民警暴力执法或是不作为。几个坚持为民警说话的 ID 被打上水军的帽子,被嘲笑为所谓的"小粉红"。

(4) 司法人员。我们走访业务部门,请教了承办过相关案件的多名检察官。他们均表示民警依法执行公务是代表国家公权力的依法行使,民警的人身安全理应受到特别的保护。但他们同时也认为,实践中不注重执法细节较为普遍,比如在执行公务时不出示工作证;不按照法律程序执行公务,比如并未对当事人口头传唤直接进行强制传唤;粗暴执法也偶有发生,在执法过程中在当事人并不存在过激举动时对其使用械具,或是对女当事人采取多人控制、双手反剪在身后,甚至抬起手脚直接将人抬走的方式对其进行控制,等等。对于民警带有瑕疵的执法行为所遭受的公务妨害,要谨慎地综合评判嫌疑人的行为。他们倾向于认为,妨害公务案件的嫌疑人绝大多数并不是主观恶性很大的不法公民。因小事而违法,司法机关应当区分情节慎用刑罚,灵活运用宽严相济刑事政策,对于情节显著轻微的,还是以教育为主,没必要科以刑罚。

2. 调查结果分析

妨害公务罪的设置目的是保护公务活动的顺利进行,它反映了公民权利和执法力量的强烈对抗。在该罪适用过程中,如何既能保证公安民警等执法主体顺利执法又能尊重和保护执法相对人的权利,是一个关键性问题。随着行政法治的健全,行政执法成为政府行政行为的重要组成部分,治安、工商、税务、交通执法、文化执法、质量监督、食品药品安全、城市管理执法等各类执法力量都已齐备,政府对社会和公民的管理已落实为各类执法主体对公民行为的管理、规制。作为群体数量最大的执法主体——公安民警,面临着日益严峻的执法伤害或伤亡。于是,许多理论和实务界人士呼吁首先要在我国刑法中增设"袭警罪",以预防和遏制暴力攻击正在执法中警察的行为。2015 年《刑法修正案(九)》顺应呼声,在《中华人民共和国刑法》第二百七十七条增设第五款,规定"暴力袭击正在依法执行职务的人民警察的,依照第一款规定从重处罚"。实质上,《刑法修正案(九)》采取了一种折中的方案,虽然没有单独设立"袭警罪",但刑法以"注意性条款"的方式作出了明确规定。

暴力袭警条款入刑以后,解决了对执法主体生命和健康严重侵害行为的处罚方向,但依然不能有力地保障执法活动顺利进行。实践中,大量存在以"弱暴力"或者对执法工具的破坏来阻碍执法活动的顺利进行,例如以拉扯、推搡等方式阻碍人民警察依法执行职务;公然以杀害、伤害、毁坏名誉等言语相威胁,阻碍人民警察执法;毁坏警用装备、配备或者公安机关办公设施,阻碍人民警察执法或者扰乱公安机关办公秩序等等。

上海市袭警类妨害公务罪的司法认定,通过地方规定的形式进行扩张性解释,有效保障了人民警察的执法权威,受到基层执法民警的热烈欢迎,但从社会调查的结果显示,公民对妨害公务刑事案件法律适用效果却不认同;同时,这也给司法者带来法律适用上的极大困惑。例如,适用意见突破了《中华人民共和国刑法》第二百七十七条所限定的立法原则,扩大了"暴力、威胁"语义范围,大量使用类推性解释,是否违背了刑法规范性、可预测性等原则?袭警类妨害公务案件一旦定罪,刑期不会太短,一般为三个月至十个月不等,大大超越了"袭警罪"为轻罪的共识(同为轻罪的危险驾驶罪,一般刑期为一至三个月不等)等等。

(四) 问题归纳

妨害公务罪的立法及司法适用的问题也是该罪适用效果不佳的客观原因之一。现有法条过于笼统、简洁,不足以实现保护公务活动顺利进行的法益。于是,有些地方(例如上海)通过地方性司法解释的方式对法条进行扩张性解释以维护执法权威,这一方面引起理论界的争议,另一方面导致处罚对象的不配合和社会公众对公安民警执法不规范或瑕疵的指责,引发对立情绪。在具体实体认定方面,存有以下法律适用问题:对"暴力""威胁"的含义认定存有广义和狭义的分歧;妨害公务罪的行为方式除"暴力""威胁"外是否还有其他方式?"暴力""威胁"的程度如何把握?辅警、亲友和财物能否成为妨害公务罪的行为对象?"暴力袭警"中的"警"是否包括辅警?"暴力袭警"中暴力是广义的"暴力"还是狭义的"暴力"?公务行为的合法性判断标准是什么?在具体量刑和程序适用方面,存有以下问题尚未形成共识:主观罪过是否影响量刑?执法瑕疵是否能够作为从轻处罚的量刑情节?赔偿、谅解能否作为从轻处罚的量刑情节?妨害公务罪侦查主体是个人回避还是整体回避?妨害公务罪能否适用刑事和解?妨害公务案件能否适用刑事附带民事诉讼程序?在全国范围内,不同地区和公检法机关都有不同的认识和做法,这不仅导致司法机关之间的意见分歧,也不利于犯罪嫌疑人或被告人"认罪伏法"。

二、法律适用问题认定

(一) 行为方式

《中华人民共和国刑法》第二百七十七条妨害公务罪第一款规定,以暴力、威胁方法阻碍国家机关工作人员依法执行职务的,处三年以下有期徒刑、拘役、管制或者罚金。刑法明确规定妨害公务的行为方式仅为"暴力"或"威胁"两种,值得注意的是,此处并未使用刑法兜底性条款中常用的"等"字眼。有学者曾强调,"立法者在妨害公务罪中没有规定'其他方法',正是为了限制该罪的处罚范围。因为在保护国家机关工作人员执行职务的同时,也应当考虑保障公民的权利,对二者应当有所平衡"。[1]但从近年来的司法实践来看,对"暴力、威胁"内涵的认定显现出一个不断扩大演化的过程。

1. "暴力"的含义及表现形式

《辞海》中对"暴力"的解释为侵犯他人人身、财产权利的强暴行为。刑法理论对"暴力"的解释内容各不相同,但对程度要求还是较高的。具体到妨害公务罪的"暴力"含义,有观点则进一步认为,"暴力"的狭义概念是指直接行使有形力,广义概念是不限于对身体直接行使有形力,也包括"针对与执行公务者具有密不可分关系的辅助者实施暴力或者通过对物行使暴力而给公务人员的身体以物理影响的间接暴力,后者的情形下要求间接暴力当着公务人员的面实施"。[2]因此,无论采纳狭义的概念还是广义的概

---

[1] 参见陈兴良:《刑法各论精释(下册)》,人民法院出版社 2015 年版,第914 页。

[2] 张利兆:《析妨害公务罪的暴力、威胁手段》,《法学》2004 年第 10 期,第120 页。

念,"暴力"当然是指让执行公务人员的人身或财产遭受损失,且迫使公务活动不得不中断或无法履行的行为。在实践中,妨害公务并不都表现为强力殴打、攻击身体这样典型的直接行为,还有譬如谩骂、侮辱警察,向警察吐口水、撕扯衣服、打掉警帽、打砸公务车辆和执法装备、围困执法人员等间接阻碍行为。因此,将向他人身体直接实施暴力行为或者间接暴力行为以及毁损执行公务人员周边财物的行为都认定"暴力",更能有效保障公务活动,即"暴力"不仅包括直接暴力,还应包括间接暴力,不仅包括有形力,还应包括无形力。

上海"适用意见"采纳了"暴力"的广义概念,并以列举的形式规定了七种应当以妨害公务罪追究刑事责任的行为:其所规定的如以殴打、撕咬等严重暴力方式阻碍人民警察执行职务的,就属于直接暴力;其所规定如以拉扯、推搡等方式阻碍民警执法,造成民警轻微伤或者造成群众围观、交通阻塞等恶劣影响,就属于间接暴力。值得注意的是,适用意见将"推搡""拉扯"这类汉语语义上通常不认定为"暴力"的阻碍行为加以危害性结果后纳入定罪标准,而且缀以"等"词的类推性使用,无疑放大了"暴力"的认定空间,变相认可其他方法应包含在"妨害"形式之中。从适用意见来看,执行公务人员遭到多人围困、推搡当然构成本罪中的暴力。适用意见对间接暴力的内容规定为"毁坏警用装备、配备或公安机关办公设施,阻碍人民警察执法或者扰乱公安机关办案秩序的",也就是在执法过程中毁坏警用装备的一律入罪。

2."威胁"的含义及表现形式

《辞海》中对"威胁"的解释为威逼胁迫,用威力使人服从。对妨害公务罪中"威胁"的含义,学者意见不一,有学者认为是指以使国家机关工作人员产生恐惧心理为目的,以恶害相通告,迫使国家机关工作人员放弃职务行为或者不正确执行职务行为。也有学者认为,这里的"威胁"是指以侵犯人身、毁坏财产、破坏名誉等相胁迫,即以将要加以恶害相通告,对从事公务人员实行精神强制,意图使其心理上产生一种恐惧感,从而达到阻碍其依法执行职务、履行职责的目的。以毁坏公务人员的人格、名誉相威胁,行为人一般都表示要以造谣、诽谤、侮辱的手段来毁坏被害人的人格和名誉。上海"适用意见"将"威胁"入罪的条件明确为"以公然杀害、伤害、毁坏名誉等言语相威胁,阻碍人民警察执法,造成群众围观、交通阻塞等恶劣影响的,应当以妨害公务罪追究其刑事责任",实际上放弃了"威胁"行为应当足以达到阻碍公务人员依法执行职务、履行职务的程度,而是代替为"群众围观、交通阻塞"等后果性评价,降低了认罪标准。①

　　近年,动拆迁过程中时常出现被拆迁户动辄以自杀相威胁抗拒执法的情况,以自杀相威胁阻挡拆迁是否属于妨害公务罪中的"威胁",成为司法实务部门争论的焦点。有观点认为,"行为人为了妨害公务的正常执行,采用对自身进行伤害甚至自杀的极端手段进行威胁,其意在使公务人员形成一种心理压力或产生心理恐慌,往往能起到妨害公务的消极作用,因此,应该将其纳入到行为对象之中"。②但也有观点认为,"从保障公民个人权益的角度出发,行为人实施自杀、自伤、自残行为,并不对公务人员的人身和财产具有侵害性,也不会造成公务人员心理上的恐惧,公务人员可根据具体情况制止行为人自杀、自伤、自残或者提供相应救助措施。如果自杀、自伤、自残行为被认为是妨害公务罪中的'威胁',那么只要行为人在公务人员执行公务时自杀均可以按照妨

---

① 在后文"限度问题"小节将展开讨论。
② 张利兆:《析妨害公务罪的暴力、威胁手段》,《法学》2004 年第 10 期,第122 页。

害公务罪定罪,这无疑是刑法扩大化适用的错误示范".①

　　近年来,青浦区人民检察院也陆续办理了几起行为人以自杀、自残方式威胁警察执法办案的妨害公务案件,并召开过相关研讨会。例如唐某某妨害公务案,2018 年 4 月 7 日 17 时许,唐某某在其住处酒后割腕自杀,民警带领社保队员依法出警,在将唐某某抬上救护车送医院急救过程中,唐某某采用拒不下车,用踢踹、手抓等方式阻碍民警及社保队员执行职务,致社保队员轻微伤。该案以妨害公务罪向法院提起公诉并获得支持。我们认为,"威胁"包括对公务人员施加恶害和对行为人自身施加恶害,但应当严格限定妨害公务罪中"威胁"的含义,在自杀时所使用的手段威胁到执法人员人身、财产或公共安全的,才能认定为妨害公务罪。另外,对公务人员的亲友进行加害也应当包括于"威胁"方法之中,它与直接威胁公务人员的方法一样,都能产生使公务人员精神受到强制的效果,对正常的公务活动构成侵害。因此,不以妨害公务罪论处就显然不当。

　　3. 以其他方式妨害公务的认定

　　随着公权力与私权利的博弈日趋紧张,妨害公务案件的表现形式有所变化,现有刑法法条规定的"暴力、威胁"含义的局限性,越来越无法满足司法实践的需要。在前文讨论中已经提到,现今妨害公务罪的司法认定已经部分超出了罪刑法定原则。如果行为人使用了"暴力""威胁"以外的其他方法,这些方法是否应当包含在"妨害"形式中呢? 有观点建议,"应当在妨害公务罪的犯罪方法中增加'其他方法'"。②学者进一步论证说,"坚持以实质刑法

---

　　① 王新环、朱克非、张京晶:《妨害公务案件实证分析》,《国家检察官学院学报》2011 年 6 月,第 118 页。

　　② 刘净、满铭安:《妨害公务罪的立法完善》,《武汉大学学报》2011 年第 2 期,第 43 页。

观为导向,适时地扩充妨害公务罪的构成要件,将采用'其他方法'妨害公务的行为予以刑法规制实属必要。在内涵属性上,'其他方法'应当与'暴力、威胁'方法的社会危害性相当,但具有明显的非暴力性;在具体形式上,'其他方法'多表现为积极阻碍和消极抵抗混杂,但均以达到干扰公务的正常履行为目的"。①

上海通过"适用意见"的形式对"暴力""威胁"含义进行扩大解释,是在当前妨害公务罪没有将"其他方法"入刑的情况下的一种变通方法。但弊端也显而易见,即如何把握"扩大解释"的尺度,避免陷入"类推定罪"的误区,是理论界与司法实务界共同坚守的底线。另外,我们也注意到域外妨害公务罪的立法中,意图使公务人员执行一定职责或使得其辞职的,视为"妨害"的形式,这或许是"其他方法"的另外表征内容。②

4. 限度问题

妨害公务罪的"暴力""威胁"不仅有范围问题,还有一个限度或程度问题。刑法学界对妨害公务罪有抽象危险犯说、具体危险犯说及实害犯说的争论。抽象危险犯说认为"暴力、威胁"对执行公务有所妨害就可以成立。③具体危险犯说认为暴力、威胁的强度,需达到使公务人员不能适当地执行职务,或显有困难的程度,造成执行职务困难的现实。实害犯说要求暴力、胁迫达到使公务人员不能执行或放弃执行公务的程度。司法实践中,将妨害公务看作抽象危险犯能较完满地解释现今大部分的理论难点,具体认定时,应当以"有无法定的足以妨害公务活动顺利执行的行为事

---

① 万绍鹏、马荣春:《"以其他方法妨害公务"之入刑提倡》,《江苏警官学院学报》2017年第3期,第34页。

② 参见张明楷:《日本刑法典》,法律出版社1998年版,第32页。

③ 参见何龙:《抽象危险犯视角下妨害公务罪的司法认定》,《法律适用》2018年第2期,第63页。

实,结合具体的行为类型,来判断抽象危险的有无,进而限定妨害公务罪的成立范围"。①

上海的"适用意见"采用了更易入罪的"抽象威胁犯说",但更进一步地认为只要有妨害公务行为在前,便将"造成群众围观、交通阻塞等恶劣影响"直接作为入罪的评判标准,而不再考虑该妨害行为是否实质上阻碍了"公务顺利执行"。也有观点认为,"群众围观""交通阻塞"就是"暴力、威胁"程度的另外一种外在表征。我们认为,"推搡""拉扯"是一种"软暴力",有暴力阻碍执法的成分,但"暴力"特征不明显,所以对此类行为定罪需要其他辅助结果,例如造成民警轻微伤或交通拥堵、群众围观。交通拥堵和群众围观是一种间接评价要素,也是妨害公务行为现场常见要素,把其视为要件是适当的。"威胁"的抽象危险评价比较难,需要考虑心理强制的"度"和"威胁"的紧迫程度。在繁华都市的上下班高峰路段,甚至商城或 KTV 等人群密集场所,轻微的妨害公务行为很容易造成交通阻塞或 20 人以上围观。但对于公然以杀害、伤害、毁坏名誉等言语相威胁,阻碍人民警察执法的,这种威胁不具有紧迫性的妨害公务行为,不宜以妨害公务罪追究刑事责任。

(二) 行为对象

1. 认定行为对象的理论

妨害公务罪的行为对象在不断扩大之中。《中华人民共和国刑法》第二百七十七条明确规定,妨害公务罪主体仅为三类人员,即依法正在执行职务或者履行职责的国家机关工作人员、人大代表、红十字会会员,对其他主体特别是警务辅助人员是否构成妨害公务罪的主体,一直以来争议较大。这些争议所依据的观点主

① 何龙:《抽象危险犯视角下妨害公务罪的司法认定》,《法律适用》2018 年第 2 期,第 63 页。

要有"身份说""公务说""身份、公务兼备说"等。"身份说"严格遵循刑法罪刑法定原则，将妨害公务罪的主体限定在上述三类人员，警务辅助人员完全排除在妨害公务罪主体之外，没有商量的余地。"公务说"则依照渎职、贪污贿赂罪中犯罪主体的相关司法解释，将主体扩展至"由法律、法规授权或受行政机关委托从事行政执法的其他人员"，其核心观点认为妨害公务罪中的国家工作人员认定应当广义理解，刑法设立妨害公务罪的主要目的，是保障公务行为得以顺利完成，在于通过对行为人暴力、威胁行为的规制，保障公务执行主体履职尽责的权威性与效率性。

2. 应将警务辅助人员纳入行为对象

近年来，公安机关参与社会治理的力度不断增强，为解决警力不足的窘境，政法部门大量使用联防队员、综治队员、特保队员、辅警等警务辅助人员，这在协助维护社会治安、服务人民群众等诸多方面发挥出越来越重要的作用。如何发挥警务辅助人员的积极作用，保障他们在履职过程中不受不法侵害，提高执法效率，一直都是法律部门研究的热点。近日，公安部制定的《公安机关维护民警执法权威工作规定》(草案)向社会正式征求意见，也明确要将保障警务辅助人员在履行职责、行使职权过程中不受不法侵害纳入规定的重点内容。能否将协助执法的警务辅助人员一并纳入妨害公务罪主体，从而利用刑事司法手段保障其履职活动？

实践中，由于"身份、公务兼备说"能有效维护当下激烈对抗中风险社会的整体利益，也部分遵循了罪刑法定原则，更容易被司法实务部门所接受。因此，警务辅助人员当然成为妨害公务罪主体。而"身份、公务兼备说"兼顾了上述两种观点，对主体有一定要求的同时又强调妨害公务罪所保护的法益为"执行公务活动"，一定条件下的警务辅助人员可以成为妨害公务罪的主体。

由于警务辅助人员没有单独执法权,将其纳入妨害公务罪主体时,必须符合以下具体条件:一是警务辅助人员要与人民政府或公安部门有明确的合同关系,其辅助从事的执法活动内容应当具体、明确;二是警务辅助人员在被侵害的执法内容上与公安民警具有"一体性",即要求警务辅助人员必须是接受民警指令协助执法时被他人侵害,具体个案中还要求民警必须在执法现场,不应当让警务辅助人员独立执法;三是警务辅助人员协助从事的执法行为必须内容、程序均合法。①妨害公务罪成立的前提条件之一是依法执行公务活动,抗拒或阻碍形式严重违法、内容实质违法的执法活动不能以妨害公务罪定罪处罚。如先前社会所热议的湖南省常德市陈某某妨害公务案,因为警方强制传唤的理由于法无据在先,陈某某抗拒执法在后,而被常德市中级人民法院宣判无罪,值得司法实务界高度重视。

以上海地区为例,2014 年上海市松江区人民法院判决的王某某、单某某妨害公务案,第一次将侵害协助警察执法的联防队员的行为定性为妨害公务罪。该案中联防队员赵某在民警带领下在路口设卡临检酒驾,涉嫌酒驾的王某某及单某某试图逃逸,并以拉扯、踢打、撕咬等方式阻碍执法,其间咬伤联防队员赵某左手拇指,致其受轻微伤。判决理由认为"妨害公务罪关注的重点在于公务是否受到妨害,而非公务主体是否受到妨害,联防队员虽然不具有国家机关工作人员的身份,但其协助警察执法的行为属于公务行为"。该判决被上海市高级人民法院制作成典型案例后,各地均陆续参考。在大型安保活动中,警察学员的安全时常面临风险。遵循上述原则,在大型活动中配合执法或在基层派出所实习期的警察学校学警(学员)是否纳入妨害公务罪主体的问

---

① 程序、内容合法性问题在后文将予以专节讨论,此处不再展开。

题自然迎刃而解。如 2017 年青浦区人民检察院提起公诉的赵某某妨害公务案中,尤某某(妨害公务行为的对象)的身份为上海市公安学院的学员,案发当日正值其通过学校统一安排至徐泾派出所实习,尤某某在民警卢某的示意下对有盗窃嫌疑的犯罪嫌疑人赵某某强制传唤过程中被咬伤手背,法院最终以妨害公务罪将赵某某定罪处罚。该案被告人未上诉,判决已生效。

3. 物或亲友能成为行为对象

根据《中华人民共和国刑法》第二百七十七条的规定,妨害公务罪的行为对象没有关于物的规定,对此理论界过去有两种不同观点,一是认为妨害公务罪的侵害对象既包括具体人,也包括具体物;二是认为本罪的行为对象不包括具体物,仅包括正依法执行职务的公务人员。在前文我们已经多次讨论,司法实务界普遍认同妨害公务罪所保护法益是正常公务活动的判断,因此对执行公务所需装备、配备设施进行损毁,意图阻碍执行公务,足以妨害到公务正常执行的,应当认定妨害公务罪。上海的"适用意见"表述为"毁坏警用装备、配备或公安机关办公设施,阻碍人民警察执法或者扰乱公安机关秩序的",以妨害公务罪追究刑事责任。"适用意见"除了将民警装备、配备纳入犯罪行为对象外,办公设施也作为妨害公务罪的行为对象。

域外立法中,俄罗斯联邦法将公务人员的亲属列入妨害公务罪的犯罪对象中,较为瞩目。①但国内司法现状中,以"暴力、威胁"等方式针对公务人员的亲属,从而达到阻碍公务活动的犯罪,实践之中并不多见。我们认为,通过对公务人员亲属实施有针对性的"暴力、威胁"活动,造成对公务人员的心理威胁,甚至恐慌,从而迫使他们放弃正在执行的公务的,与"暴力、威胁"针对公务人

① 参见陈云高:《妨害公务罪研究》,华东政法大学 2013 年硕士论文,第 9 页。

员本身的性质相当,应当视为妨害公务行为,以妨害公务罪定罪处罚。在日本或我国台湾地区,妨害公务罪还有一种特殊的妨害形式,即采用"暴力、威胁"形式逼迫公务人员辞职,导致公务活动无法正常开展的行为,也认定为妨害公务罪。无论是上海市的"适用意见"还是普通的司法实践中,均没有采用逼迫公务人员辞职的妨害公务形式,但这一点值得在今后工作中加以注意。

(三) 公务合法性认定

妨害公务罪的成立前提是依法执行公务,一旦正在执行的公务活动缺乏法律依据,对行为人以妨害公务罪追究刑事责任便无基础。换句话说,若没有公务权力来源、超越法定职权、缺少执法依据、严重违反公务程序等不合法内容,妨害公务罪的前提条件也就不成立。公务的合法性,主要涉及合法性条件及判断标准两个问题。关于公务的合法性条件,既往刑法理论认为不管公务是否合法,只要对其进行妨害就可构成妨害公务,这是国家威权主义时代以全面监管民众的需要为出发点,与现代法治理论相悖,早已被抛弃不用。关于判断标准,刑法理论上有主观说、客观说和折中说。我们认为,应当遵循折中的"即时可判断的标准",主要包括"法定的程序性标准,也包括明显的滥用权力或者对象错误之类的实质标准,特别强调在公务执行现场,一般人都可以依法即时判断"。①

1. 内容及程序合法

公务活动的合法性包括内容及程序的合法两个方面。公务内容合法性有三个方面的内容:一是决定进行该项公务活动是出于正当目的,即为了国家和社会的需要,而不是个别机关或个人

---

① 黄奇中:《"妨害公务罪"若干问题研究》,《华侨大学学报(哲学社会科学版)》2007 年第 2 期,第 54 页。

滥用职权、假公济私;二是执行公务不能损害国家、集体的利益和公民的合法权益,如果在执行中不得不对有关单位或个人的利益造成损害,这种损害也必须是于法有据的;三是公务行为应考虑公平、合理,不能命令相对人从事不可能完成的行为。例如章某某妨害公务案,2016 年章某某在花木城门口处,"未经许可"在警戒线外使用手机拍摄某某区人民法院等单位在该处执行强拆执法。该法院执行法官张某、法警仇某某对章某某多次予以制止,章某某不听劝阻继续拍摄并反抗,致使仇某某左顶枕部头皮轻微伤。该案即以法警对围观者拍照行为的所谓"制止"的行为没有法律依据而内容不合法,最终以绝对不起诉定案。

公务活动的程序是否合法,是判断公务活动合法性的另一个重要标准。判断程序合法性要考查两个方面:一是看执行者是否按规定向被执行者表明自己的特定身份,以证明自己具有执行该项公务活动的资格;二是看执行者是否按照法定的程序要求展开活动。例如梁某妨害公务案,2017 年顾某拨打 110 报警称其当日同梁某(报警人妻子)发生矛盾,梁某将门锁更换,其和其母亲无法入家门。民警陈某某接警至顾某家中,帮助顾某由后门进入室内。入室后,梁某发现顾某和陈某某均在室内,便质疑陈某某的民警身份,与陈某某发生争执时受伤。陈某某在强制传唤梁某过程中遭到反抗并致轻微伤。本案当中陈某某完成出警任务后继续留在现场且采取强制措施的程序行为这两种作法均存在问题,以撤案终结。

2. 民警执法方式影响被执法者对公务合法性的判定

据统计,近些年民警执法过程中因执法不规范引发冲突继而诱发袭警行为占妨害公务案件总数的一半以上。有些民警在出警时存在工作方法简单粗暴的现象,极易引发已处于纠纷中的当事人的对立情绪,进而导致事件升级。在民警执法程序不合法的情形下,认定妨害公务罪必然存在极大争议。①对此,我们建议应当加强公务人员执法规范化培训,统一执法标准,细化执法工作流程,提高群众工作能力,从而提升执法公信力,减少妨害公务行为发生。近年来,上海公安机关充分注意到这个问题,在不断规范民警执法的同时,不断增强现场控制能力,对恣意扰乱民警执法的对象该采取强制措施的果断行为,出现了不少经典的"教科书式"执法案例,获得广大群众及网络媒体的普遍赞誉。

实践中,司法机关充分注意到公安机关在长期执法活动中缺乏对规范性程序的重视及培训,因此对民警执法活动中程序瑕疵是否影响妨害公务罪认定问题上持较大容忍立场,基本上做到了"对于执法主体的轻微程序违法或执法瑕疵,如着警服但未带警官证且告知警察身份,语言不文明、规范,处置手段稍显简单、粗鲁等,不成为嫌疑人的免罪事由,仅作为评判其主观恶性及是否具有社会危险性的因素"。②另外,妨害公务案件中不应当适用"刑事和解",③因为其易对执法机关权威性造成伤害。至于"极个别民警故意挑衅被执法人暴力抗法,而后以撤案或不捕不诉为条件向被执法人索要高额赔偿"的现象④,在司法实践中极为罕见。

3. 公民对不合法公务行为拒绝权利及限度

我国公民对不合法的公务行为特别是违法执法有拒绝的权利,在此情况下,更无配合的义务。进而,"公民能否对行政违法行为直接采取抵制行动,是法治秩序建构中一个不能绕开而又不

---

① 具体形式内容见前文阐述,此处不再赘述。

② 甄君玮:《办理妨害公务案件应注意的几个问题》,《法制与社会》2017 年 8 月(中),第 127 页。

③ 见下文专节讨论。

④ 孙刚、乔苹苹:《当前查办妨害公务罪的几个问题》,《中国检察官》2012 年第 11 期,第 52 页。

易解开的问题"。①《中华人民共和国行政处罚法》第三条第二款明确"没有法定依据或者不遵守法定程序的,行政处罚无效"被广泛引用,成为公民对不规范执法行为行使拒绝权的理论和制度依据。公民合法行使拒绝权的同时,要杜绝所谓"维权过度"问题。实践中,大多数妨害公务案件都是嫌疑人临时起意的,多发生在公安机关处理治安案件、交通检查、出警等过程中,案发之初,犯罪嫌疑人往往没有蓄意暴力阻碍执法的故意,大多是因为对执法活动的不理解或不接受而引发冲突。这些当事人法律意识较为薄弱,对民警正常执法不理解,对自己行为的性质认识不到位,只要民警执法触及其利益,就认为行为民警在侵犯其合法权益。在这种错误认识下,部分行为人会坚决维护自己的"权益",对民警施以"言语暴力",甚至"肢体暴力"。在这种情形下,过度维权妨害合法公务活动进行的,应当以妨害公务罪追究刑事责任。

在此,我们要注意,对于违法的执法行为,公民有权拒绝并不意味着行为人可以积极行动阻碍或抗拒公务活动。在妨害公务犯罪研究的语境下,一旦行为人采取积极行动抗拒或阻碍执法人员执行公务活动时,犯罪嫌疑人的主观恶性和人身危险性凸显,犯罪嫌疑人的刑事违法性要素增强,那么公务活动的合法性判断标准必然别于行政法上公务活动合法性的判断标准。此时依然只要求公务活动形式上、笼统的合法,只有公务活动实质上违法或形式上严重违法才阻却妨害公务罪的成立。

(四) 刑法第二百七十七条第五款适用问题

2015 年《刑法修正案(九)》为第二百七十七条妨害公务罪增设第五款,即"暴力袭击正在依法执行职务的人民警察的,依照第一

---

① 何海波:《公民对行政违法行为的藐视》,《中国法学》2011 年第 6 期,第 117 页。

款的规定从重处罚"。该修正案出台后,由于对"暴力"词义内涵认识不同或犯罪对象是否扩张至警务辅助人员等诸多原因,实践中必然存在对该条款的理解和适用不统一、不准确情况。如实践中对伤害配合民警执法的联防队员是否适用第五款有不同的判例。

1. 争议问题

对于第五款是否只能适用于民警的争议,肯定观点认为,"暴力袭击辅警原则上不适用从重处罚条款,但对正在配合警察执法的辅警实施暴力袭击应从重处罚",原因为"从重处罚条款的增设是出于对警察执法权非警察人身权的特殊保护,是否具备'人民警察'身份并非判定是否适用妨害公务罪从重处罚条款的关键"。①另一种相反观点则认为,"从法律解释的角度,辅警不在'人民警察'概念所涵盖的范围内,将辅警解释为人民警察是类推解释,违背刑法的解释原则。此外,暴力袭击辅警构成妨害公务罪是法律拟制的结果,再从重处罚违背罪刑相适应原则。而且新增从重处罚条款的立法目的是保障人民警察执行职务时的人身安全,故暴力袭击辅警不宜从重处罚"。②因此,"辅警、协勤等人员不能成为暴力袭警的对象"。③

对何为"暴力袭击"的分歧也出现在第五款的适用上,实际引用该条款的案件中,被告人的具体行为不尽相同,既有与民警发生拉扯、推搡导致民警受伤的,也有直接暴力攻击民警导致民警受伤的,到底以何种形式攻击、达到何种程度、造成何种结果,才

① 郭喜鸽:《暴力袭警从重处罚条款的法律适用》,《天津法学》2016 年第 4 期,第 104 页。
② 王志:《暴力袭击协助警察执法人员的定性》,《中国检察官》2017 年 5 月(下),第 18、19 页。
③ 于宾:《妨害公务罪中暴力袭警条款的理解与适用》,《中国检察官》2016 年 12 月(下),第 20 页。

能认定为该条款的"暴力袭击"？有的案例甚至将是否致民警"轻微伤"作为暴力袭击认定的依据。

2. 适用观点

《刑法修正案（九）》增设的第五款法律适用障碍，根源来自对"暴力、威胁"含义及被害对象扩大化所依据的妨害公务罪保护法益为保障执行公务活动的内涵认识不同。修正案的第五款针对的是近年来袭警案件明显增多的情况，明确要求保护的对象为特殊群体即人民警察，语义明确，属于特别注意条款。因此，在遵循"身份、公务兼备说"原则将警务辅助人员纳入妨害公务罪主体的情况下，不能再扩大解释将其纳入第五款的适用范围，否则就严重违背罪刑法定原则。对于此处"暴力袭击"的"暴力"在理论上应当与第一款中"暴力"的含义相同，否则便会出现与《中华人民共和国刑法》第二百七十七条"暴力"的含义两种不同解释的情形，在词义、逻辑上存在矛盾，前后不能自洽。但由于我国刑法法条对妨害公务罪的犯罪手段仅限定为"暴力、威胁"，滞后于社会现实，司法实践根据需要在广义上适用"暴力"。"暴力"不仅包括直接暴力，还应包括间接暴力；不仅包括有形力，还应包括无形力，不仅包括对人的暴力，还包括对物的暴力。刑法对暴力袭警行为从重处罚有两个原因：一是侵害对象有职业特殊性；二是犯罪手段体现的人身危险性较大。从法条表述来看，"暴力袭击正在依法执行职务的人民警察"，该"暴力"肯定是狭义上的"暴力"，是直接对人的暴力，不包括间接暴力。

三、立法完善建议

综上所述，我国妨害公务罪除了条文陈旧问题外，也没有把袭警罪单独成罪,造成法律适用上司法者左右为难,影响了法治建设。考察域外国家和地区的立法,结合近年司法实践,有两点内容值得我们借鉴:一是德国刑法和我国香港地区刑法把公务人员的范围界定得比较宽泛;二是域外国家和地区法条列举的犯罪手段种类较多,值得我们立法加以吸收。由此,笔者认为应当从以下三个方面及时对妨害公务罪条款进行完善,第一,建议《中华人民共和国刑法》第二百七十七条再增加一款,即"虽非公务员,但具有警官的权力义务或为其助理的,其执行行为视同第二百七十七条意义上的公务人员的职务行为",作为该法条的第六款。第二,建议《中华人民共和国刑法》第二百七十七条在"暴力、威胁"后增加一个"等"字,把"以其他方法妨害公务"入刑。第三,在对成果检讨总结的基础上,建议吸收上海市地方性解释的经验与优点,制定全国层面的司法解释,以解决妨害公务罪区域性认定不平衡问题。

第二节　主观明知推定

我国现行刑法犯罪构成中对犯罪故意的强调,造成司法实践中,对拒不交代主观故意的犯罪嫌疑人通常采用推定的方式予以认定,但在实践中如何把握尺度一直存在诸多争议。

一、运输卷烟司机的主观明知问题

近年来,随着司法机关对非法生产、销售烟草活动的打击力度增强,非法经营烟草犯罪呈现出团伙化、专业化、组织化的特征,且越来越明显。最显著的特征之一,即销售与运输分工专业化,委托行为地下化、单线化。即便在公安机关人赃俱获的情形下,被抓获的运输司机仍然以自己对所运货物内容不知情为由脱罪,而主要头目则躲在幕后继续通过手机遥控指挥下一轮运输,试图逍遥法外。对此,作为法律监督部门的检察机关,应当迎难而上,依法履行法律监督职责,要求公安机关、烟草专卖局执法人员在抓获现场加大证据搜集力度,对抓获的司机应当按照客观证据情况,以不同罪予以追责,并尽可能溯及本源抓获主犯,遏制非法经营烟草的猖獗势头。下面,笔者以齐某某非法经营烟草案为例,为打击此类犯罪提供自己浅见。

(一) 基本案情

2018 年 6 月期间,齐某某接受卖家雇用,连续多次于半夜时分从江苏省苏州市吴江驾驶车辆通过 G60 高速运输走私卷烟至上海市浦东新区约定地点进行交易,每趟获利 300 元。其中,6 月 29 日凌晨,齐某某驾驶一辆别克商务轿车将价值 27 万余元的 2 050 条伪劣烟草运输至上海浦东,与买家缪某某(犯非法经营罪判处有期徒刑五年)在约定地点接头并互换车辆后,被公安机关抓到,人赃俱获。齐某某到案后拒不交代卖家,也拒绝承认其知道自己运输的是烟草,对交易模式异常辩解为以为运送的是电子厂偷出来的物品。

客观证据显示,齐某某使用的是卖家提供的停放在指定位置的车辆;车内装满多只未拆封的黄色无字纸箱,每只箱内均码有整条香烟;卖家提供诺基亚旧式手机(存有涉案号码,俗称一次性手机)用于单线联系买家;齐某某抵达交易地点后以交换车辆的方式交货;待买家卸完货后再将空车开回苏州。

(二) 分歧意见

对本案齐某某行为如何定性,产生了分歧意见。

第一种意见认为,齐某某主观明知证据不足,其无罪。本案中,齐某某除了辩解不知道运输的是烟草外,客观证据也显示其确实不清楚真正卖家的身份,对于是帮助谁运输的,在卖家没有抓获到案的情况下,认定其受委托运输卷烟的证据不足。况且,指控齐某某明知运输卷烟的证据只有可疑表象,齐某某到案后能够对所谓运输赃物的前因后果作出合理、无重大矛盾供述的情况下,较难反驳其有关误以为运输盗窃赃物的辩解。该意见认为,除非是驾驶员齐某某与货主一起装货,又明确告诉他是卷烟的情况下,此类案件才能定罪处罚,否则难以将其认定为共同犯罪。

另外,该意见还认为,齐某某也不构成掩饰、隐瞒犯罪所得罪。《中华人民共和国刑法》第三百一十二条所规定的掩饰、隐瞒犯罪所得(收益)罪的对象,应该是犯罪完成后所得或收益,而本案当中齐某某受他人指使参与运输卷烟,在交易过程中即被公安机关人赃俱获,其所雇用实施的犯罪尚未完成,故查获的卷烟不是犯罪所得更不是犯罪收益。因此,齐某某不构成非法经营,也不构成掩饰、隐瞒犯罪所得罪。

第二种意见认为,齐某某构成犯罪。理由是齐某某所谓不知道自己非法运输的是卷烟,而是电子厂偷出来的赃物的辩解极其不合理,结合其多次运输卷烟时使用"一次性手机",交易时间"半夜",交易方式为"换车卸货"等诸多反常细节,可以推定齐某某主观明知非法运输卷烟,其涉嫌非法经营罪。另外,该意见还认为,即便客观证据确有欠缺,不能推定齐某某主观明知运输的系卷烟,但完全可以对其行为认定为掩饰、隐瞒犯罪所得罪。因该案当中,齐某某一再表示自己认识到运输的可能是违法物品,甚至直接承认说就是从电子厂盗窃的赃物。因此,在齐某某明知系犯罪所得赃物的情况下,仍然接受雇用、非法转移、运输赃物至指定地点交易并获利,涉案数额达 27 万余元,齐某某行为完全符合掩饰、隐瞒犯罪所得罪的犯罪构成,应当以该罪追究其刑事责任。

（三）法律分析

对本案进行法律分析的前提,不能脱离近来非法经营罪的司法实践情况。

1. 非法运输卷烟行为定性

立法史上,非法经营罪脱胎于过去的投机倒把罪。近年来,《中华人民共和国刑法》第二百二十五条所规定的非法经营罪呈现出扩张性态势,从买卖外汇、烟草、出版物、影像制品、电信业务、危化品、赌博机、伪基站,到最近的高利贷,市场经济领域难以通过行政手段加以监管的灰色地带几乎囊括其中。这也不难理解,为何在刑事司法领域,非法经营罪一直被冠以"口袋罪"称号。如何准确界定非法经营罪,限制其扩张的范围,甚至在今后刑事立法中直接废除该罪名,法学研究领域呼声不断。但值得强调的是,纵观多年司法实践,无论对其他市场领域中非法经营入罪的观感如何,对因无证经营烟草行为而被认定为非法经营罪的,法学研究领域负面评价不多。这是由烟草经营不仅影响到国家税源,而且关系到国民健康等重大问题的特殊地位所决定的。一般对烟草销售实行专卖许可制度,更是世界各国政府通行的政策。

2010年"两高"《关于办理非法生产、销售烟草专卖品等刑事案件具体应用法律若干问题的解释》(以下简称2010年"两高"《烟草解释》)第一条第五款明确规定,违反国家烟草专卖管理法律法规,未经烟草专卖行政主管部门许可,无烟草专卖生产企业许可证、烟草专卖批发企业许可证、特种烟草专卖经营企业许可证、烟草专卖零售许可证等许可证明,非法经营烟草专卖品,情节严重的,依照《中华人民共和国刑法》第二百二十五条的规定,以非法经营罪定罪处罚。对于提供运输行为司机的法律责任,2010年"两高"《烟草解释》第六条更是明确规定,明知他人实施非法经营烟草行为,而为其提供运输、仓储等帮助行为的,应当按照共同犯罪追究刑事责任。

2. 非法经营中推定明知应当慎用

司法机关在办理毒品、走私等具有严重社会危害性的犯罪中，根据交易、运输环节的反常迹象，推定行为人主观上明知，并总结出一套从客观证据推定行为人主观故意的规律或者经验法则，以司法解释的形式加以贯彻。例如，2008年最高人民法院在毒品犯罪的会议纪要中提出，人赃俱获时被告人如"采用高度隐蔽的方式交接物品，明显违背合法物品惯常交接方式，从中查获毒品的"，而"不能作出合理解释的"，可以推定其主观明知是毒品。

但对于非法经营这样极具争议的行政犯，且社会危害性不大，如何推定运输司机这样辅助人员的主观明知，司法实践中不仅经验不多，而且对能否直接套用上述经验法则争议极大。笔者认为，对参与非法经营罪的辅助人员适用主观明知推定原则应当慎重。原因主要有三。第一，非法经营罪本身属于扰乱市场秩序罪名，侵害社会主义市场经济秩序的社会危害性当然不能与走私、毒品犯罪一样相提并论，简单以后者经验法则推定运输人员主观明知程度，极易违背刑法谦抑原则。第二，非法经营罪正处于扩展过程，并已形成"口袋罪"之实，在司法实践中简单适用主观推定原则，极易造成火上浇油态势，极易违背罪刑法定原则。第三，单纯的非法经营属于行政犯，辅助人员对触犯行政法规在先的非法经营罪可能存在认知问题，不排除部分运输司机等辅助人员因文化素质不高等原因对国家烟草专卖许可制度不知情。因此，对辅助人员的打击不应当脱离其知识背景，更不能脱离其对客观法律事务的认知过程。例如，对纯行政犯的非法行医罪的打击，之所以规定二次行政处罚之后再次非法行医的才入罪，正是考虑到部分非法行医者（如"农村赤脚医生"）文化程度不高或受客观环境制约，对自己违法行为需要一定的认知过程。

3. **本案宜认定为掩饰、隐瞒犯罪所得罪**

本案虽然齐某某所运输的伪劣香烟来源尚未查明,案件疑点尚未排除,但笔者认为,根据现有证据,对齐某某以掩饰、隐瞒犯罪所得定罪处罚最为恰当。首先,认为本案所涉及的 27 万余元卷烟不是犯罪所得,是法律认识上的偏差。非法经营罪所保护的法益是正常的市场秩序,经营活动贯穿整个商品交易上下游,包括运输和储存环节。本案所涉及的伪劣卷烟,对指使齐某某运输的卖家来说,又是其通过上游交易而来,是实实在在的犯罪所得,其在转手出售过程中交付给齐某某运输。持否定意见的仅仅关注到齐某某实施的犯罪交易正在进行当中,也就不存在犯罪所得。因此,本案所认定的犯罪所得是对卖家而言。其次,根据2015 年最高人民法院《关于审理掩饰、隐瞒犯罪所得、犯罪收益刑事案件适用法律若干问题的解释》第十条规定,通过犯罪直接得到的赃款、赃物,应当认定为《中华人民共和国刑法》第三百一十二条规定的"犯罪所得",本案卷烟应当认定为犯罪所得。虽然本案当中卖家尚未到案且身份不明,但其持有的价值 27 万余元的伪劣卷烟,无论是交易所得还是自己加工生产而来,均已涉嫌非法经营犯罪。而且根据上述解释第八条规定,上游犯罪尚未依法裁判,但查证属实的,不影响掩饰、隐瞒犯罪所得罪的认定。再次,齐某某运输的是伪劣卷烟,本案并非单纯的行政犯案件。根据 2010 年"两高"《烟草解释》第五条规定,行为人实施非法生产、销售卷烟专卖品犯罪,同时构成生产、销售伪劣产品罪的、侵犯知识产权罪、非法经营罪的,依照处罚较重的规定定罪处罚。本案齐某某运输伪劣卷烟,触犯的罪名还有销售伪劣产品罪、销售假冒注册商标的商品罪两种,选择非法经营罪是因为依照处罚较重的缘故。因此,将本案认定为纯粹的行政犯而不予处罚运输司机的观点是错误的。最后,对齐某某定掩饰、隐瞒犯罪所得罪的量刑并不会轻于非法经营罪,不存在放纵犯罪之虞。法网恢恢,疏而不漏,2015 年最高人民法院《关于审理掩饰、隐瞒犯罪所得、犯罪收益刑事案件适用法律若干问题的解释》中,明确掩饰、隐瞒犯罪所得金额 10 万元以上的,应当认定为《中华人民共和国刑法》第三百一十二条中"情节严重",法定刑为三年以上七年以下有期徒刑,并处罚金。因此,齐某某掩饰、隐瞒上游非法所得 27 万余元,属情节严重,量刑应当在三年以上。即便齐某某如实交代明知系卷烟仍运输,对齐某某认定为非法经营罪,但考虑到齐某某受雇用从事运输且获利较少等从犯情节,量刑上并不会重于前者所获的掩饰、隐瞒犯罪所得罪。

(四) 结果建议

2019 年 8 月 2 日,公安机关将齐某某移送检察机关审查起诉。检察机关审查阶段,齐某某仍然态度嚣张,拒不认罪。检察机关果断将原本取保候审的齐某某决定逮捕,对其施加压力,并在认罪认罚阶段中阐明其行为的社会危害性,对其讲清掩饰、隐瞒犯罪所得罪与非法经营罪在量刑上的利弊。最后,齐某某在委托辩护律师的帮助下权衡再三,终于承认明知所非法运输的是卷烟,并自愿认罪认罚。2019 年 9 月 29 日,上海市青浦区人民法院以齐某某犯非法经营罪判处其有期徒刑三年,并处罚金一万元。齐某某未上诉,本案已判决生效。

近年来,非法经营烟草案件中,由于买卖双方行事隐秘,反侦查能力强,甚至出现了委托货拉拉等第三方平台的专职司机运输走私烟的个别案例,即便人赃俱获的现场,只要负责运输的司机拒不认罪,在难以调取到客观证据的情况下,烟草执法部门和司法部门均处于对其束手无策的被动局面。笔者建议,除了在抓捕现场加大侦查取证力度,大胆适用掩饰、隐瞒犯罪所得罪予以惩处外,司法机关还应尽快适应新情况,就此类案件中运输人员主观明知推定问题形成权威的解释，并制定统一的证据标准。

二、毒品犯罪主观明知问题

毒品犯罪的量刑问题，不仅关系到对犯罪分子是否罚当其罪的问题，也关系到刑罚的平衡问题。最高人民法院和各地法院先后多次出台司法解释或规范性指导意见①，对毒品犯罪的量刑问题作出专门规定。

（一）毒品犯罪主观"明知"认定疑难

毒品犯罪中的"明知"是指明知其行为的对象是毒品（或与毒品相关人或财物），至于对毒品的明知程度是否要达到知道是何种毒品的地步，法律并不要求，只要总体上明知是毒品即可。明知其行为是国家法律所禁止的毒品犯罪行为，至于对国家法律所禁止的毒品犯罪行为的明知程度，只要总体上明知是国家法律所禁止的毒品犯罪行为即可，并不要求明知哪部法律规范中的哪条条文、哪条规定。

在毒品犯罪中，行为人对自己的行为都必须是"明知"的，这使"明知"问题在毒品犯罪的主观故意认定中显得非常重要。因为毒品犯罪要求证明行为人具有主观明知的故意，所以如何认定行为人对毒品在主观上是"明知"的，关系到毒品犯罪的罪与非罪的问题，这也正是司法实践中经常遇到和需要准确把握的疑难问题。

（二）行为人如实供述的案件中主观明知的认定

主观上是否是"明知"，最清楚的就是行为人自己，行为人的

---

① 详见最高人民法院关于《贩卖毒品死刑案件的量刑标准》的答复、《最高人民法院关于审理毒品案件定罪量刑标准有关问题的解释》《上海法院量刑指南——毒品犯罪之一》《上海法院毒品犯罪量刑指南》等。

供述是最直接、最有力的证据,对案件事实的认定具有至关重要的作用,但仅有行为人的供述是不够的,《中华人民共和国刑事诉讼法》第四十六条规定:"对一切案件的判处都要重证据,重调查研究,不轻信口供。只有被告人供述,没有其他证据的不能认定被告人有罪和处以刑罚;没有被告人供述,证据确实充分的,可以认定被告人有罪和处以刑罚。"因此要判断行为人对其携带、运输、邮寄的毒品是否明知,还要结合其他证据来认真分析,综合判断。例如,在列车上被查获的犯罪嫌疑人,能够准确说出毒品的包装状态、乘坐的车次,始发地及目的地等;或者有现场目击证人的,也可收集其证人证言,增强对案件事实的证明。

(三) 行为人拒不供述或否认主观明知的认定

很多毒品行为人为了推脱罪责,往往拒绝供述其犯罪事实或在是否"明知"上故意作"不知道是毒品"的辩解,在这种情况下,正确有效地认定主观明知问题,是遏制毒品犯罪发展蔓延的严峻形势的需要,也是司法实践中及时、有效打击毒品犯罪的现实需要。判断是否是"明知"应当根据主客观相统一的原则,行为人必须客观上实施了毒品犯罪行为且主观上认识到是毒品,才能认定其构成毒品犯罪。如果不知道是毒品或者是受人之托或者是被蒙骗错误地认为是其他物品,不能认定主观上是"明知"。

在司法实践中,判断行为人是否是"明知"不能仅凭其供述,办案人员要从获得的客观证据出发,运用经验法则与逻辑规则形成自己的主观判断,以此推定行为人对自己实施的行为是"明知",从而达到打击毒品犯罪的目的,这种方法就是司法机关办理毒品犯罪案件的"推定明知"。所谓"推定明知"是指根据行为人的年龄结构、社会经历等因素,应当知道的明知。例如在运输毒品案中,只要涉案的毒品是在运输过程中从行为人体内查获的,一般无需再就其主观明知举证,法官也不会采纳其"不知体内藏匿物是毒品"的辩解,这类案件中推定的思路在于:行为人应当对自己将物品采用高度隐蔽且不易为他人发现的方法进行藏匿有认识,除非其不能认知自己的行为。

长期以来,主观明知的认定给打击毒品犯罪造成了极大的困扰。但"推定明知"的运用,为司法机关有效打击毒品犯罪提供了新的思路和途径,中外立法和司法中也都存在运用推定的方法认定明知事实的现象。因此,可以通过对行为人的年龄、文化、职业、经历以及涉案的手段、方法、酬价、同案人的供述及相关言辞证据等方面进行分析判断,合理地运用推定的方法在一定条件下推定行为人主观明知。虽然我国刑法对认定毒品犯罪行为人是否具有主观明知没有任何规定,但 2008 年 12 月 21 日最高人民法院印发《全国部分法院审理毒品犯罪案件工作座谈会纪要》第十条规定:"毒品犯罪中,判断被告人对涉案毒品是否明知,不能仅凭被告人供述,而应当依据被告人实施毒品犯罪行为的过程、方式、毒品被查获时的情形等证据,结合被告人的年龄、阅历、智力等情况,进行综合分析判断。具有下列情形之一,被告人不能作出合理解释的,可以认定其'明知'是毒品,但有证据证明确属被蒙骗的除外:(1)执法人员在口岸、机场、车站、港口和其他检查站点检查时,要求行为人申报为他人携带的物品和其他疑似毒品物,并告知其法律责任,而行为人未如实申报,在其携带的物品中查获毒品的;(2)以伪报、藏匿、伪装等蒙蔽手段,逃避海关、边防等检查,在其携带、运输、邮寄的物品中查获毒品的;(3)执法人员检查时,有逃跑、丢弃携带物品或者逃避、抗拒检查等行为,在其携带或者丢弃的物品中查获毒品的;(4)体内或者贴身隐秘处藏匿毒品的;(5)为获取不同寻常的高额、不等值报酬为他人携带、运输物品,从中查获毒品的;(6)采用高度隐蔽的方式携带、运输物品,从中查获毒品的;(7)采用高度隐蔽的方式交接物品,明显违背合法物品惯常交接方式,从中查获毒品的;(8)行程路线故意绕开检查站点,在其携带、运输的物品中查获毒品的;(9)以虚假身份或者地址办理托运手续,在其托运的物品中查获毒品的;(10)有其他证据足以认定行为人应当知道的。"以上规定也是司法人员在案件的事实、证据、审判经验和公平正义的原则以外的法律依据。

另外,"推定明知"属于事实推定,是在认定基础事实的基础上,由司法人员判断行为人的行为是否违背常识、经验法则和逻辑规则,进而认定行为人是否具有犯罪的主观故意。但是由于推定高度依赖于司法人员认识事物和进行推理的能力,并体现了司法人员的个人的主观判断,因此具有较大的不确定性,同时,推定与刑事诉讼一贯主张的控方负完全证明责任的原则相冲突,增加了被指控方的证明负担,因此,司法人员运用推定的方法证明毒品犯罪行为人主观上明知时,应当慎重、从严把握。

第三节 "户"的认定

《中华人民共和国刑法》第二百六十三条、第二百六十四条所规定的抢劫罪、盗窃罪中,明确将入户抢劫、入户盗窃作为从重或入罪的情节。因此,在司法实践中,是否认定为"户"成为一个非常重要的定罪量刑问题。

连续性盗窃行为

(一)问题的提出

2011年4月6日13时许,被告人蒋某某、万某等人伙同习某

(未满 16 周岁)经预谋,结伙至青浦区香花桥街道某村 102 室被害人刘某住处,由万某采用扳断窗栅栏后伸手入窗的方式,窃走放置于室内窗口附近的价值人民币 4 803 元的东芝牌 M600-01B 型笔记本电脑一台,三人随后又发现被害人刘某住处内尚有一辆摩托车,习某钻窗入室后打开房门,三人遂共同入室将刘某停放在屋内的一辆价值人民币 3 995 元的天马牌 TM 125-4 型摩托车窃走。经查,被告人蒋某某、万某另有两节入户盗窃行为,窃得物品计价值人民币 1 600 余元。

（二）分歧意见

在第一节行为是否能全部认定为入户盗窃的问题上,产生了较为明显的分歧。第一种意见认为,第一节实际上是两次既遂的盗窃,拆分为一般盗窃与入户盗窃:被告人蒋某某等人盗窃笔记本电脑采用的是伸手入窗的方式,伸手将笔记本电脑拿出后,盗窃即宣告既遂,应认定为一般盗窃;三人随后又进入被害人刘某居住的室内对摩托车实施的盗窃是另一节盗窃,应认定为入户盗窃,故本案盗窃情节属数额较大,法定刑为三年以下有期徒刑并处罚金。第二种意见认为,被告人蒋某某等人盗窃笔记本电脑时采用的是破坏性手段,不仅对被害人财物权进行了侵害,也对被害人住宅权造成了实际的侵害,应认定为入户盗窃,两人盗窃笔记本电脑后又盗窃摩托车,是对同一被害人财产的连续性侵害行为,是不可拆分的整体,故第一节行为全部认定为入户盗窃,故本案盗窃数额巨大,法定刑为三年以上有期徒刑并处罚金。

（三）法律分析

法律意义上的"户"具有空间上的排他性,即占有者应有权拒绝任何人非法入内。人们在户内享有私人生活的自由和生活上的安宁,能够免受他人的干扰和窥探,这一权利是宪法赋予每个公民的。《中华人民共和国宪法》第三十九条规定:"中华人民共和国公民的住宅不受侵犯。禁止非法搜查或者非法侵入公民的住宅。"《中华人民共和国刑法》第二百四十五条规定："非法搜查他人身体、住宅，或者非法侵入他人住宅的，处三年以下有期徒刑或者拘役。司法工作人员滥用职权，犯前款罪的，从重处罚。"司法实践中，对入户盗窃的惩罚强度要大于一般盗窃的立法原意，是因为入户盗窃不仅侵害了公民的财物权，而且也侵害了公民家庭生活场所的不可侵犯性。上海市人民检察院公诉处在2004年第一季度业务指导中明确提出："对入户盗窃的认定必须以行为人为实施盗窃而进入他人生活的住所、对被害人的住宅实际造成侵犯为前提"，对以"钓鱼"或者从窗外伸手入室等方式盗窃的行为，不宜认定为入户盗窃，是"因为没有对被害人的住宅造成实际的侵犯"。

笔者认为，该指导意见基于入户盗窃的立法原意，对以"钓鱼"或者从窗外伸手入室等方式盗窃的行为不认定为入户盗窃作了恰当、充分的诠释，明确了入户盗窃认定的关键标准在于是否对被害人住宅权造成了实质性的侵犯。本案中，蒋某某等人盗窃笔记本电脑的方式与司法实践中常见的采用"钓鱼"方式实施的盗窃有显著的区别。采用"钓鱼"方式对被害人住处财产实施盗窃，实际上利用了被害人的疏忽甚至粗心大意，从门窗处伸手获得财物或用竹竿将被害人财物吊至室外，未对被害人住宅权利造成实际侵犯。而蒋某某等人为实施盗窃行为，将被害人住处的窗栅栏掰断，是对住宅采用了破坏性的手段，对被害人住宅权造成了实质性的侵犯，故蒋某某等人的行为不仅侵害了被害人的财产权，也侵害被害人住宅权之不可侵犯属性，应当认定为入户盗窃。另外，被告人蒋某某等人先行盗窃笔记本电脑后，三人共同进入屋内盗取摩托车（因摩托车沉重需三人共同推行），笔记本电脑被万某随身带入室内后又带出，深入讨论该细节势必会落入法律教条主义窠臼,但该细节也充分说明了盗窃笔记本电脑与摩托车是一个不可拆分的整体性盗窃行为,试图将该行为拆分成一般盗窃与入户盗窃的定性是不恰当的。

2011年8月17日,普陀区人民法院不公开开庭审理本案,认定本院起诉书所指控的犯罪事实,本案定性为多次入户且数额巨大,判处被告人蒋某某、万某各一年二个月有期徒刑,并处罚金一千元。二被告人未上诉,一审判决已生效。

第三章　刑事诉讼程序

近些年来,随着司法文明程度的提高,刑事诉讼也越来越强调对犯罪嫌疑人的权利保障工作。在司法实务中,具体体现为认罪认罚从宽制度中要求律师在场、强制隔离戒毒措施的行政化、未成年人非羁押措施适用等一系列内容。

第一节　认罪认罚中律师在场问题

2016 年 11 月最高人民法院、最高人民检察院、公安部、司法部、国家安全部根据全国人大授权下发的《关于在部分地区开展刑事案件认罪认罚从宽制度试点工作的办法》(以下简称"两高三部"规定),律师在场是认罪认罚制度中不可或缺的组成部分。认罪认罚中赋予律师在场的权利具有鲜明的协商性,即对案件定性、量刑、程序选择等协商的权利,虽然与理想中的"律师在场权"存在一定差距,实务操作中也有不少缺陷亟待解决,但其为第一次在刑事诉讼程序中将"律师在场权"付诸实践之尝试,值得理论界重视。

完善认罪认罚从宽制度,是党的十八届四中全会部署的重大改革。"两高三部"的规定标志着改革试点工作正式启动。认罪认罚从宽制度通过简化刑事诉讼程序,从而达到司法效率的最大

化。在简化诉讼过程中,为充分保障犯罪嫌疑人、被告人权益,引
入委托辩护律师及值班律师在场制度,也成了认罪认罚制度中不
可或缺的组成部分。

一、律师在场的设置

为犯罪嫌疑人或被告人提供法律服务是认罪认罚从宽工作
得以开展的充分必要条件。"两高三部"规定第五条第一款明确
要求,认罪认罚案件,应当保障犯罪嫌疑人、被告人获得有效法律
帮助,确保其了解认罪认罚的性质和法律后果,自愿认罪认罚。
该条明确了认罪认罚案件中嫌疑人或被告人充分获得法律帮助
是适用该制度的必要条件。该条第三款还补充规定,犯罪嫌疑
人、被告人自愿认罪认罚的,没有辩护人的,人民法院、人民检察
院、公安机关应当通知值班律师为其提供法律咨询、程序选择、申
请变更强制措施等法律帮助,该规定突破了原先《中华人民共和
国刑事诉讼法》第三十条所规定的司法机关提供法律援助的范
围,即犯罪嫌疑人、被告人因经济困难及聋、哑人或限制刑事责任
能力人、可能判处无期徒刑、死刑等,将提供法律援助范围扩展到
没有委托辩护人的所有的认罪认罚案件。

"两高三部"规定明确在认罪认罚从宽制度适用时不仅必须
为犯罪嫌疑人或被告人提供法律帮助,而且进一步确立了认罪认
罚现场律师在场的制度。《中华人民共和国刑事诉讼法》第三十
三条虽然规定了犯罪嫌疑人自被侦查机关第一次讯问或者采取
强制措施之日起,有权委托辩护人,但没有规定侦查人员或检察
人员讯问犯罪嫌疑人时的律师在场权利。然而"两高三部"规定
第十条第二款明确要求,犯罪嫌疑人自愿认罪,同意量刑建议和

程序适用的,应当在辩护人或者值班律师在场的情况下签署具结书。对此,2017 年上海市制定的《刑事案件认罪认罚从宽制度试点工作实施细则(试行)》进一步规定,人民检察院建议人民法院适用认罪认罚从宽制度的案件,应当随案移送听取值班律师或辩护人意见的材料以及证明犯罪嫌疑人签署具结书时值班律师或辩护人在场的材料。该规定除了明确要求律师应当在场外,还要求将在场律师的意见一并移送法院。

实务中,侦查人员或检察人员必须在讯问犯罪嫌疑人的过程中开展认罪认罚工作,律师也要在充分了解案情及犯罪嫌疑人意愿的基础上在场予以确认,这也就意味着律师必然监督、见证侦查人员或检察人员全程"问话"过程。当前实践中,办案人员在讯问犯罪嫌疑人时,确实会通知律师到场参与见证办案人员与嫌疑人的协商过程,也就是说律师参与了讯问过程。因此,笔者认为,"两高三部"的规定虽然形式上只赋予了犯罪嫌疑人签订具结书时律师在场的权利,但由于要求律师当场对具结书予以书面签字确认,实质赋予了律师在侦查人员或检察人员讯问犯罪嫌疑人时在场见证、监督的权利。

二、律师在场的内容

需要明确的是,认罪认罚中赋予律师在场的权利与理论意义上"律师在场权"并不完全相同。"律师在场权"是指在国家专门机关对犯罪嫌疑人、被告人进行特定诉讼行为时律师有权在场,犯罪嫌疑人、被告人也有权要求律师在场。近年来,刑事诉讼学界对"律师在场权"的研究日渐增多,"律师在场权"逐渐走进大众视野,不再是一个陌生的名词。在国外,对于讯问嫌疑人时律师能否在场也有两种截然不同的观点：英、美、意、荷等国家持肯定态度，法、德、加、日则采取否定立场。①虽尚无统一定论，但律师在场权不仅只是在场这么简单，它包含着一系列的权利内容，通说认为"律师在场权"定义可分广义和狭义两个方面。广义是指在刑事诉讼各个阶段，包括侦查、起诉和审判等阶段，辩护律师有权在场为犯罪嫌疑人、被告人提供法律帮助，以最大限度地保护犯罪嫌疑人、被告人的利益；狭义上是指在刑事诉讼的侦查阶段，即犯罪嫌疑人自受到第一次讯问时起至侦查终结，凡是与犯罪嫌疑人有关的侦讯行为，辩护人均有权在场为其提供法律帮助。②而认罪认罚工作中所确立的律师在场的权利，仅指犯罪嫌疑人签订具结书时律师提供法律帮助的权利，并不贯穿于整个刑事诉讼过程。从法律属性上看，"律师在场权"属于辩护权的组成部分，主要用于保障犯罪嫌疑人的诉讼权利，防止侦查过程中的刑讯逼供行为，以保证犯罪嫌疑人口供的真实、可靠与合法性，确保刑事审判公正、可靠，这与认罪认罚工作中赋予律师在场的相关权利属性、作用基本一致。

　　认罪认罚工作所确立的律师在场权利与"律师在场权"在内容上有相似之处，但也有不同之处。一般而言，"律师在场权"应当有许多内容，主要包含律师的异议权及律师的签字权。"所谓异议权，指律师针对公权力机关的违法取证行为有权利提出异议。所谓签字权，指在公权力机关取证行为完备后，律师有权利对这些取证行为进行确认，没有律师签字的讯问笔录，不应当作为审判时的证据材料使用。"③而认罪认罚制度中律师在场权利，

<hr />

① 参见王戬：《差异与反思——从国际标准角度看我国律师辩护制度现状及其改进》，《华东政法学院学报》2002 年第 2 期，第 32 页。

② 参见方振华：《浅析辩护律师在场权》，载陈卫东主编：《司法公正与律师辩护》，中国检察出版社 2002 年版，第 370—371 页。

③ 余尘：《论我国律师在场权制度的构建》，《中国检察官》2015 年第 2 期（上），第 39 页。

则是指对犯罪嫌疑人签订具结书时的异议权,以及对具结书内容是否认可的签字权。上述两项权利的行使,势必使得认罪认罚制度中律师在场的权利具有鲜明的协商性,即对案件定性、量刑、程序选择等协商的权利。当前实践中,律师与办案机关之间的"讨价还价"在具结书签订之前便已存在,从实质意义上说,认罪认罚制度赋予了律师某种程度上"诉辩交易权"。

首先,律师有对罪名协商的权利。根据认罪认罚制度规定,认罪认罚适用的前提条件是犯罪嫌疑人、被告人自愿如实供述自己的罪行,对指控的犯罪事实没有异议,同意检察机关的量刑建议并签署具结书。据此,对检察机关指控的具体罪名有异议的,并不影响认罪认罚制度的适用,只是影响具体程序的选择和诉讼分流,即只能适用简易程序。律师有与办案机关协商罪名的权利,最大程度维护了犯罪嫌疑人或被告人权益。其次,律师有对量刑协商的权利。办案机关听取犯罪嫌疑人及其辩护人或者值班律师的意见,是认罪认罚制度下量刑建议的必经环节。办案机关应充分尊重和保障律师依法执业,切实保障其阅卷权、取证权等合法权利。律师在充分了解案情的基础上,与办案机关协商,为犯罪嫌疑人或被告人争取到最轻的量刑意见,这也是"律师在场"在认罪认罚制度中存在的重要意义。再次,律师有对程序适用协商的权利,即对速裁或简易等诉讼程序的适用进行协商,这也会直接影响到犯罪嫌疑人最终刑罚的认定。

三、律师在场的程序

"两高三部"规定虽赋予律师提供法律帮助、在场见证犯罪嫌疑人签署具结书的权利,但对如何提供法律帮助、如何见证等程序并未明确规定。目前实践中,认罪认罚案件律师在场的方式主要以办案机关通知至办案场所为主(包括检察机关办案场所或羁押看守所),而非律师陪同犯罪嫌疑人前来或在律师约定地点、时间开展。这不免使人担心,如果律师仅在某个时间节点被许可见证犯罪嫌疑人签署具结书,实质上很可能造成对犯罪嫌疑人自愿性、是否充分了解法律后果等内容见证的失真。

具结书是一份由检察机关与犯罪嫌疑人双方签订的、详细记载定性、量刑高低及适用程序等重要内容的法律文书。根据"两高三部"规定第二十条,对认罪认罚案件,人民法院依法作出判决时,一般应当采纳人民检察院指控的罪名和量刑建议。对如此重要的法律文书,如果没有律师帮助,犯罪嫌疑人很难在与公权力对抗中维护自己的利益。虽然"两高三部"规定也未明确律师参与具结书的协商,但倘若委托辩护律师在前期多次会见及充分阅卷的基础上,势必能与办案机关就认罪认罚的条件展开协商,及时为犯罪嫌疑人提供有效法律帮助,从而实现认罪认罚制度中律师在场的作用,达到制度设计的初衷。但问题容易出在值班律师履职过程中,"两高三部"规定中对如何保障值班律师充分履行维护犯罪嫌疑人权益的职责只字未提。当犯罪嫌疑人没有委托辩护人,值班律师能否有效保障犯罪嫌疑人权益,为其提供有效的法律意见,不仅取决于值班律师前期的阅卷及会见等基础性辩护工作,还取决于办案机关能在多大程度上为值班律师创造这样的条件。如果考虑到当前认罪认罚案件中,值班律师在场的比例要远高于委托律师,这种问题便会显得愈发突出。

实践中,为节约时间提高办案效率,办案机关往往在签订具结书时才通知值班律师到场,这便要求值班律师将"提供法律帮助"和"见证"的两项任务在短时间内一次性完成。值班律师在刚刚了解案情的情况下，很难就具结书中关系犯罪嫌疑人切身利益的定性、量刑等问题为嫌疑人提供有效的帮助，允许其到场也仅仅只是一次"目击"而已。更为严重的是，一些值班律师业务繁忙，值班期间缺勤、溜班现象严重，这使律师在场工作难以协调，即便在岗的，由于对认罪认罚程序缺乏必要认识，参与其中也是心不在焉，不仅使所谓的值班制度流于形式，也对认罪认罚工作的开展造成了障碍。

四、对策

笔者认为，为保障犯罪嫌疑人或被告人的诉讼权益，充分发挥认罪认罚工作中律师在场的作用，有必要在今后的规则中进一步加强值班律师工作，明确律师在场的程序、内容等。

首先，律师在场工作离不开高效的律师值班制度。当前，认罪认罚工作中值班律师的高效运作，除了要克服经费不足、业务冲突和质量难以控制等这类普通难题外，最为迫切的是要进一步提高对律师在场工作重要性的认识。人民法院、人民检察院应当与律师协会通力合作，透过理论研究、座谈会等形式，不断完善律师在场的内容，着重强调"律师在场"与普通法律咨询截然不同的法律性质，明确律师在场工作的成效不仅决定"律师在场权"实践成败，而且势必影响今后立法者的决心，也直接关系到呼吁多年的律师辩护权的进展。

其次，在程序上应当明确律师介入时间。实务中，由于认罪认罚案件案情相对简单，犯罪嫌疑人认罪伏法，委托辩护律师的主观意愿较低，造成大部分案件需要通知值班律师到场提供法律援助。笔者认为，无论是犯罪嫌疑人聘请委托辩护人还是为其申请的值班律师,办案机关均应事先保障律师阅卷的权利,除此之外,值班律师还应在提供法律援助之前获得案情摘要。犯罪嫌疑人在签订具结书之前,就应当听取律师对定罪、量刑的意见,避免在签字现场仓促行事,造成木已成舟,难以改变的尴尬局面。

再次,在内容上应当细化律师在场协商权。前文已经提到,虽然"两高三部"规定只是要求犯罪嫌疑人在签订具结书时律师在场,但实践中律师实际上被赋予了在场协商权——"两高三部"规定所明确的"见证"及"听取意见"的应有之义。笔者认为,为避免实践中产生混乱,应当进一步明确上述"应然"内容。此外,检察机关是认罪认罚工作中定罪、量刑的主导部门,在此过程中,律师往往在检察人员陪同下出入讯问室,不仅存在办案安全隐患,而且也违反了开展讯问工作的相关规定,今后也可通过设置"认罪认罚协商室"等办案场所加以解决。

目前,除了北京市人民检察院第二分院等个别不成功的试点外,[①]认罪认罚工作所确立的律师在场制度,是国内刑事诉讼过程中对"律师在场权"第一次系统性尝试,意义非凡。但笔者也深知,一项新制度在推行之初,存在这样或那样的缺陷在所难免。过去,尽管不少学者及司法实务界持保守观点,但越来越多的法律工作者尤其是律师仍然希望能将"律师在场权"写进刑事诉讼法。从长远趋势来看,"律师在场权"对侦查权的制衡,本质上是公民对国家权力的一种监督权,反映了刑事诉讼主体性理论、程序公正理论、多元价值平衡理论的客观要求,更是现代刑事司法发展的方向。

---

① 参见张培鸿:《让人高兴不起来的"律师在场权"改革》,《东方早报》2010年12月7日第 A23 版。

第二节　强制戒毒之刑期折抵问题

随着对毒品犯罪的打击力度加大,强制隔离戒毒作为一种挽救吸毒人员、阻止毒品蔓延的有效手段,越来越频繁地被运用至公安机关办案当中。同时,强制隔离戒毒作为一种剥夺人身自由的行政强制措施,如何有效监督防范其滥用,也成为监督机关义不容辞的责任。司法实践中,公安机关抓获犯罪嫌疑人后,往往由于其还有吸毒行为,对其先行处以行政拘留与强制隔离戒毒,在隔离期间择机对行为人涉嫌犯罪的行为采取强制措施,行为人先前被强制隔离戒毒的时间是否应当折抵刑期,不仅学术界存在不同的观点,而且司法实践中的做法也不统一,亟需加以重视解决。①

一、问题的提出

2016 年 4 月 11 日,公安机关根据线索在青浦区嘉松中路 5369 号吉盛伟邦家具城门口,抓获正在进行毒品交易的戴某某,当场查获 9.38 克甲基苯丙胺(冰毒)及毒资,并于当日对戴某某涉嫌贩卖毒品立案侦查。戴某某到案后对贩卖毒品的犯罪事实供认不讳,并另交代自己吸毒成瘾。据此,公安机关以戴某某有吸毒行为,当日先行对其行政拘留十五日、强制隔离戒毒两年。4 月 28 日,公安机关以涉嫌贩卖毒品罪将戴某某刑事拘留。

这里笔者要提出两个至关重要的问题,第一是对戴某某先强

---

① 参见邱生权等:《强制戒毒的刑诉法意义》,《沈阳工程学院学报(社会科学版)》2009 年第 10 期,第 513 页。

制隔离戒毒再刑拘是否合适？第二是对戴某某强制隔离戒毒期间是否应当折抵刑期？

二、法理解读

要解答上述两个问题，首先要从强制隔离戒毒说起。

1. 强制隔离戒毒之性质

根据 2008 年 6 月 1 日实行的《中华人民共和国禁毒法》以及 2011 年 6 月 22 日国务院通过的《戒毒条例》规定，我国戒毒措施体系由自愿戒毒、社区戒毒、强制隔离戒毒与社区康复构成，并将原来公安强制戒毒和司法劳教戒毒两种模式合二为一，首次提出了"强制隔离戒毒"概念。法律明确规定，强制隔离戒毒的期限不得超过两年，一般情况下，被强制隔离戒毒人员在公安机关的强制隔离戒毒场所执行强制隔离戒毒三至六个月后，再转至司法行政部门的强制隔离戒毒场所继续执行强制隔离戒毒，在公安机关的强制隔离戒毒场所执行强制隔离戒毒的时间最长不得超过十二个月。

尽管《中华人民共和国刑事诉讼法》没有将强制隔离戒毒作为刑事诉讼中的强制措施，但行政法律意义上的强戒与刑罚、劳教和拘留一样，都是以剥夺人身自由为主要内容的，并被公安机关在办理贩卖毒品等刑事案件中经常性使用。对于吸食毒品成瘾并且在羁押、执行刑罚过程中，由于毒瘾剧烈发作而不适于羁押的犯罪嫌疑人被公安机关强行送入戒毒所强戒期限，往往比刑事拘留期限还要长。在被监管措施的严厉程度上，其与拘留、逮捕等刑事强制措施和被执行刑罚期间的羁押状态相类似。所以，强制隔离戒毒理所当然地具有剥夺被强制戒毒的犯罪嫌疑人人身自由权利的性质。

2. 不得已、慎重使用强戒之原则

实践中,公安机关掌握犯罪嫌疑人贩卖毒品等犯罪活动并抓获嫌疑人之后,如果发现嫌疑人吸毒成瘾,在定案证据还不够充分,或者为了规避刑事诉讼法规定的办案期限,将精力投入其他更加紧迫的刑事案件的侦查工作中去,甚至出于绩效考核等情形下,往往不会对嫌疑人实施刑事拘留,而是以嫌疑人已吸毒成瘾为由而决定对其实施强制隔离戒毒。待案件证据充分,或者已有充分的时间来处理案件时,公安机关才对其实施刑事拘留。部分公安机关还在嫌疑人处于强制隔离戒毒期间,未停止实质性侦查活动,如去戒毒所就犯罪事实对犯罪嫌疑人进行讯问,又如询问案件的被害人、证人、开展司法鉴定等,导致嫌疑人因强制隔离戒毒而被强制剥夺人身自由期间,其犯罪案件就已处于刑事诉讼程序中。

上述不规范性做法,使得某些简单案件的刑事侦查活动往往延续一两年之久,导致嫌疑人实体处理上刑罚的变相加重,损害了法治原则,影响司法公信力。当然,笔者并不排除极端的情形,如抓获犯罪嫌疑人并且对其采取刑事拘留后,确实由于犯罪嫌疑人毒瘾发作状况剧烈,看守所无法羁押只能移送戒毒所强制隔离戒毒的,公安机关完全可变更强制措施,先将嫌疑人依行政法律强制戒毒,待其毒瘾状态适于看守所羁押后,再次刑事拘留,继续开展案件侦查工作。正如前文所述,强制隔离戒毒具有剥夺人身自由的强制属性,因此,刑事侦查活动中除非万不得已,该措施不应当草率使用,更不能将其作为业绩考核指标。

3. 折抵刑期之争论

强制隔离戒毒期间是否可以折抵刑期,争议较大。对折抵刑期持否定观点的人认为,强制隔离戒毒的性质属强制性行政措施,不符合刑法关于刑期折抵"先行羁押"的刑事属性条件。[①]笔者认为,这不能成为强制戒毒期间不适用折抵刑期的理由。首先,从法理上看,刑法之所以规定先行羁押期间可以折抵刑期,是因为犯罪嫌疑人、被告人在先行羁押期间已失去人身自由,与判决后服刑所受到的人身惩罚基本相同。如果其强制戒毒期间不能折抵刑期,那么国家法律对犯罪嫌疑人、被告人人权保障的作用与司法公平、公正的法律精神就无法体现了。其次,从司法实践看,尽管刑法未将行政拘留、劳动教养期间列入可折抵刑期的适用范围,但最高人民法院的《关于行政拘留日期可否折抵刑期等问题的批复》《关于劳动教养日期可否折抵刑期问题的批复》已明确行政拘留、劳动教养期间可以折抵刑期,审判实践也是这么执行的。"它并没有因为行政拘留、劳动教养的行政属性,而将其排斥在适用折抵刑期范围之外。"[②]

何种情形下强制隔离戒毒期间可以折抵,也存在不同观点。一种观点认为,刑期折抵应当符合"同一行为"条件,"即被处以剥夺或者限制人身自由的行为与被判处有期徒刑或拘役自由刑的行为系同一行为,先前被执行行政处罚的时间才可以折抵刑期"。[③]另外一种观点认为,刑期折抵不应局限于"同一行为说",而需遵循折抵关联性的规则,即因羁押的行为事实与需要折抵本刑的犯罪事实之间存在关联性,不能仅以嫌疑人前后所受到的两种处罚是否系针对同一行为为尺度,而更应判断两种处罚之间是否

---

① 参见邓德文:《强制戒毒时间不能折抵刑期》,《检察实践》2002 年第 6 期,第 62、63 页。

② 刘靖:《强制戒毒期间折抵刑期初探》,《犯罪研究》2007 年第 6 期,第 61、62 页。

③ 秦晓:《浅析特定情形下犯罪嫌疑人刑期折抵问题》,西北刑事法律网,http://XBXSF.NWUPL.CN/ARTICLE/yatj/201302/10498.html(访问日期 2016 年 7 月 14 日)。

存在因果联系,公安机关在行政处罚期间有无实施刑事侦查活动,以及被强制限制人身自由状态在时间上是否具有连续性作为综合判断标准。"如果公安机关因发现嫌疑人吸毒成瘾而先行决定对其实施强制隔离戒毒,且在强制隔离戒毒期间不停止刑事案件侦查活动,那么此种情形下的强制隔离戒毒期间应自公安机关对案件实施刑事侦查活动之日起予以折抵刑期。"①

三、处理意见

笔者同意后一种观点,即强制隔离戒毒期间刑期折抵应当遵循关联性原则。首先,在刑事诉讼中,被告人被判处刑罚的犯罪行为和被先行羁押的行为系非同一行为的情况是经常出现的。如被告人因涉嫌盗窃被先行羁押,后经审理盗窃罪不成立,但发现被告人犯有诈骗罪而被判刑罚。法院在判决时,对被告人先行羁押期间仍适用折抵刑期。其次,与引发行政拘留、劳动教养的原因比较,强制戒毒的原因较单一,即强制戒毒对象吸毒成瘾。如果以被告人被判处刑罚的犯罪行为与被强制戒毒的行为系非同一行为为由,否定强制戒毒期间可以适用折抵刑期显然是不公平的。

近年来,公安机关所办理的毒品案件中,多数存在本案先强制隔离戒毒后刑事拘留的共性问题,对此,检察机关应向公安机关制发问题通报,建议在刑事侦查期间慎重使用强制隔离戒毒措施。本案中,犯罪嫌疑人戴某某先刑事立案后强制隔离戒毒,被

---

① 江瑾:《强制隔离戒毒的期间不能折抵刑期——广东潮州中院裁定李伟昭抢劫案》,《人民法院报》2014 年 12 月 25 日第 6 版。

强制限制人身自由的状态在时间上具有连续性,且在戴某某强制戒毒期间,公安机关继续本案侦查活动,故其强制隔离戒毒期间仍可折抵刑期,羁押时间应从4月11日计算。

鉴于强制戒毒法定期限较长,刑事立案后对犯罪嫌疑人、被告人进行强制戒毒在一定程度上影响办案机关的法定办案期限,建议立法机关参照《中华人民共和国刑事诉讼法》有关精神病鉴定期间不计入办案期限的规定,通过立法将强制戒毒期间不计入办案期限列入刑诉法法条,以保障刑事诉讼活动的顺利进行。

第三节　未成年人刑事和解程序

近年来,上海市检察机关在办理未成年人刑事案件中,遵循"教育、感化、挽救"司法原则,开展了大量刑事和解工作,和解案件的类型较宽泛,和解的方式也呈现多样化,不仅抚平了社会创伤,也大大促进了涉罪未成年人重返社会工作,获得社会广泛肯定。从大局出发,新刑事诉讼法对刑事和解设专章予以规定,对和解的范围、方式进行了一般性规定,但并没顾及未成年人案件的特殊性,对未成年人刑事和解工作带来一定的冲击,甚至已开展的部分刑事和解工作也将在新法生效后失去法律基础,造成实质上的法律冲突。未成年人刑事案件和解工作以保护未成年人,尽量采取少捕、慎诉、少监禁措施,帮助未成年被告人彻底回归社会为价值基础,应当与成年人刑事和解工作加以区分。期待今后在法律框架内对未成年人刑事案件的和解范围、程序作出扩充性解释,以完善制度措施,并在不远的将来对未成年人和解程序以专门法的形式作出特殊规定,充分发挥刑事和解机制的效用。

刑事和解,又称加害人与被害人的和解,是恢复性司法改革措施中较为成功的一种方法。一般是指在犯罪后,经由调停人的帮助,使加害者和被害者直接相谈、协商,解决纠纷或冲突的一种刑事司法制度。其目的是修复因犯罪人的犯罪行为而破坏的加害者和被害者原本具有的和睦社会关系,并使罪犯因此而改过自新、复归社会。①2012 年修订的《中华人民共和国刑事诉讼法》(以下简称新法)增设专章制定了"当事人和解的公诉案件诉讼程序",严格限制了刑事和解的适用范围、条件、程序、和解方式等内容,使未成年人刑事和解的空间受到了一定挤压。少年刑事司法改革应当服从司法改革工作全局,但也要充分体现少年司法工作的特殊性和专门性。必须对未成年人刑事和解工作特殊性予以充分重视,理顺法律条文之间内在关系,积极面对冲突,才能进一步做好未成年人"教育、感化、挽救"的刑事工作。

一、工作现状

近年来,上海市检察机关秉承未成年人"优先保护、全面保护"的司法理念,建立并利用刑事和解模式,积极维护被害人的利益,在修复被损害的社会关系的同时,帮助未成年加害人(被害人)彻底回归社会,成效显著,大大提升了未成年人刑事和解的目的和价值。

(一) 诉讼程序上的全程化

随着少年司法的不断进步,对涉罪未成年人采取少捕、慎诉、

---

① 参见向朝阳、马静华:《刑事和解的价值构造及中国模式的构建》,《中国法学》2003 年第 6 期。

少监禁,利于其重返社会,已成为未成年人刑事诉讼中所追求的核心价值。刑事和解工作是有效实现上述目标的方式之一。当前,所开展的未成年人刑事案件和解工作贯穿于整个诉讼过程。未成年人特殊刑事诉讼程序工作中已不满足于仅仅将刑事和解工作局限于审查起诉阶段,而是逐步尝试将上述工作延伸到公安机关侦查阶段和审查逮捕阶段,通过适时介入,积极引导、协助公安机关促成双方当事人和解。对于在审查批捕阶段不能及时达成和解或和解协议无法完全履行的,可以视情形先予采取逮捕措施,并后续跟踪监督,一旦双方达成刑事和解并能履行,取得被害人谅解的,及时变更强制措施。对于在检察阶段无法达成刑事和解的,积极配合法院在审判阶段继续进行和解工作。近三年来,上海市青浦区人民检察院(以下简称青浦区院)在审查逮捕阶段开展刑事和解的案件 5 件 6 人,占刑事和解案件总数的 9.3％。

(二) 适用范围上的宽泛化

当前,对未成年人刑事案件开展和解工作的类型范围较为宽泛。最高人民检察院《关于办理当事人达成和解的轻微刑事案件的若干意见》(2011 年)规定,判处三年以下的刑事案件,且属于侵害特定被害人的故意犯罪或者有直接被害人的过失犯罪,均可适用。且明确指出严重侵害国家、社会公共利益,严重危害公共安全或者危害社会公共秩序的犯罪案件,国家工作人员职务犯罪案件,侵害不特定多数人合法权益的犯罪案件均不适用和解。实践中,成年人刑事案件和解工作较多地适用在轻微伤害案件中,而未成年人刑事和解工作因其特殊性,适于大胆探索,不断拓宽刑事和解范围。近些年来,青浦区院在办理的未成年人刑事案件中,在严格确保双方自愿的前提下,和解适用范围不局限于轻伤害、侵犯财产类型案件,逐步扩大至认罪态度较好、初犯、偶犯的侵犯公民人身权型、危害社会管理秩序,甚至危害公共安全类型案件。据统计,三年中 35 件和解案件,涉及的侵犯财产案件类型有盗窃 11 件 11 人、抢劫 12 件 18 人、抢夺 1 件 1 人,"两抢一盗"案件的和解数量占和解案件总数的 68%;妨害社会公共秩序的寻衅滋事 7 件 7 人;侵害人身权益类型的故意伤害 2 件 2 人、强奸 1 件 1 人;危害公共安全类型的放火 1 件 1 人。寻衅滋事、放火等扰乱公共秩序、破坏公共安全的罪名,由于情节轻微,侵犯的公共利益的损害较小,也被纳入了刑事和解的范围。

(三) 和解方式上的多样化

未成年人刑事案件和解工作的方式也呈多样化,并不以单一的司法机关作为第三者调停人。而是在综合考虑案情的情况下,积极引入其他相关机构共同参与,有效感化未成年人,例如社工站、学校、基层派出所等,为其顺利回归社会创造条件。近年来,青浦区院在以检察机关积极促赔为主,当事人自行和解、人民调解员调解为辅的基础上,积极探索新类型调解模式。联合社区检察室、司法所成立专办机构,由相关工作人员组成促进刑事案件和解小组,推动刑事和解专业化。根据统计,青浦区院积极促赔的案件 21 件 25 人,当事人自行和解的案件达 7 件 9 人,委托人民调解 3 件 3 人,专办小组促成和解 4 件 4 人。

(四) 处理结果上的轻刑化

为实现刑事和解对促进涉罪未成年人悔罪、重返社会、减少社会矛盾的功能,实践中将刑事和解的法律后果扩大到减轻处罚、从宽处理、不起诉等多层次的范围。目前,主要存在两大类处理方式。一种是非监禁化处理方式,即检察机关对提起公诉的案件以量刑建议的方式建议法院判处缓刑、管制、单处罚金、免除刑罚等;另一种是非刑罚化处理方式,即公安撤案和相对不起诉。青浦区院已刑事和解的 35 起案件中,加害人被判缓刑的 17 件 19 人,被轻判的 12 件 15 人,相对不起诉 5 件 6 人,退回公安另处 1

件1人。其中,26名涉罪未成年人刑事和解后未被羁押,占和解总数的74.3%,这大大提高了涉罪未成年人的非羁押率。

二、限定及冲突

(一) 新法在和解范围上的限定及冲突

对于刑事和解的适用范围,新法采取了审慎的态度,严格限定了刑事和解的范围,为今后未成年人刑事案件的和解工作带来一定困扰,甚至让已经开展较为宽泛的未成年人刑事和解工作失去法律基础。新法第二百七十七条规定了适用刑事和解的范围:因民间纠纷引起,涉嫌刑法分则第四、五章(即侵犯人身权利、民主权利,侵犯财产犯罪),可能判处三年有期徒刑以下刑罚的故意犯罪案件,以及除渎职犯罪以外的可能判处七年有期徒刑以下的过失犯罪案件。

值得注意的是,故意犯罪适用刑事和解的,必须是因"民间纠纷"而引起的才能纳入和解程序。何为民间纠纷?目前在理论上尚无明确概念,司法部颁布的《民间纠纷处理办法》(1990年)第三条将民间纠纷规定为公民之间关于身份、财产利益或其他产生于日常生活中的纠纷。从严格意义上理解,民间纠纷是指发生在具有密切关系的当事人之间,因民事权益引起的纠纷。也有观点认为,民间纠纷的构成须具备两个条件:第一,纠纷发生在公民与公民之间;第二,公民之间关系密切。这里所说的密切关系指的是家庭关系、邻里关系、同事关系等。①由于未成年人身心的特殊性,

---

① 参见郑红梅:《浅谈如何处理民间纠纷引起的伤害案件》,《江西公安专科学校学报》2003年第5期。

其并没有完全走入社会,无法产生只存在于家庭、邻里之间的民间纠纷。如果严格依据对民间纠纷的理解,并在此范围内开展刑事和解工作,将会严重压缩未成年人刑事和解的空间。同时,这也意味未成年人中常见的发生在"陌生人"之间单纯以侵财为动机的"两抢一盗"案件及侵犯社会公共秩序的"聚众斗殴""寻衅滋事"等案件均不能适用刑事和解的程序。

该条也规定,七年以下的过失犯罪可以适用刑事和解,但实践中未成年人因过失而犯罪的确实很少,因此该项规定对推进未成年人刑事和解工作进步并无裨益。另外,未成年人犯罪的故意往往来自一时冲动、年少无知而受外界的影响,主观恶性也远小于成年人,因此,该条未将七年以下轻微性质未成年人故意犯罪的刑事案件囊括在和解范围之内,有进一步完善的空间。

(二)新法在和解程序上的限定及冲突

新法第二百七十八条对刑事和解的程序也进行了规定,明确双方当事人和解的,公安机关、人民检察院、人民法院应当听取当事人和其他有关人员的意见,对和解的自愿性、合法性进行审查,并主持制作和解协议书。按照该规定,刑事和解的前提是犯罪嫌疑人、被告人和被害人私下已经达成了协议,并不需要公权力机关的介入。实践中,和解协议的达成往往以嫌疑人、被告人真诚悔罪,对被害人提供一定形式的补偿,或者为恢复双方既有秩序付出一定的努力为条件。而在未成年人刑事案件和解实践中,对象年幼无知,往往需要监护人提供钱财甚至辅助行为完成刑事和解工作,有的未成年人甚至表现为未曾为恢复双方秩序而主动努力过(出于对法律的无知、甚至被羁押于看守所),这时需要司法机关在综合权衡的情况下,介入开展预备性工作,例如在征得双方同意的情况下召集和解会议、向家长介绍案情等。一概要求和解的前提是双方已成功沟通,积极赔偿,且在私下里已达成了和解协议,给刑事和解实践增加了难度。另外,该条对听取意见并审查和解效力的第三方仅局限于公安机关、检察机关及法院等司法机关,排除了社区、学校等第三方机构,与当前未成年人刑事和解工作多样化,多方共同参与调解会议等形式存在冲突。

(三)新法在达成和解后法律后果上的限定及冲突

新法第二百七十九条对达成刑事和解后法律后果进行了限定。该条规定,达成和解协议的案件,公安机关可以向人民检察院提出从宽处理的建议,人民检察院向人民法院提出从宽处罚的建议,犯罪情节轻微的,不需要判处刑罚的,可以作出不起诉决定,人民法院可以依法对被告人从宽处罚。即刑事和解的法律后果为:三家司法机关对案件可能的"从宽处理",属于国家刑罚权裁量行使的范畴,而无和解双方自治的意思表示,将会导致未来未成年人刑事案件和解法律结果的重要性严重缩水。和解方式要以双方合意作为程序启动的前提,但在程序的运行中却直接将当事人的合意排除出去,必然会导致当事人意思自治和国家刑罚权产生激烈冲突,刑事和解的功能很容易因此丧失实现的可能性。①特别对未成年人案件而言,国家立场的适当退让,有利于更好地保护未成年人。实践中,未成年人和解案件处理的法律结果除了非监禁刑外,还加大了非罪化的处理方式,甚至听任被害方的意思自治。例如,对一些未成年人自诉类案件,双方在公诉前达成和解的,应当作为撤案处理,并建议公安机关撤案等。

新法对和解法律后果的规定也存在不完善的地方,即未对因

---

① 参见汪建成:《刑事和解与控辩协商制度的衔接与协调》,《政法论坛》2012年第2期。

刑事和解而得到从宽处理的未成年人诉后（或附条件不起诉后）进行规定，例如增加社区矫正、社区服务、进入社会观护等非监禁化的处置措施以加强对加害人的事后监督，可以通过加强联系、跟踪回访等方法关注加害人的矫治和回归工作，使涉罪未成年人真正重返社会。

（四）对新法附条件不起诉范围大于刑事和解的理解

根据新法第二百七十一条关于附条件不起诉的规定，对于未成年人涉嫌刑法分则第四章、第五章、第六章规定的犯罪，即涉嫌侵犯公民人身权利、民主权利，侵犯财产以及妨害社会管理秩序的犯罪，可能判处一年有期徒刑以下刑罚，符合起诉条件，但有悔罪表现的，人民检察院可以作出附条件不起诉的决定，人民检察院在作出不起诉决定以前，应当听取公安机关、被害人的意见。这一规定充分体现了未成年人刑事司法非刑罚化的处理原则，明确了附条件不起诉决定适用的案件范围是侵犯公民人身权利、民主权利，侵犯财产以及妨害社会管理秩序的犯罪案件，在程序上，应当事先听取公安机关、被害人意见。相比较，刑事和解的范围限定在第四、五章，而新法对未成年人附条件不起诉的范围包括第六章妨害社会管理秩序罪名，范围要大于刑事和解的范围。由此带来一个矛盾的地方，即发生在第六章的案件（例如寻衅滋事、聚众斗殴等），如果双方没有和解，被害人没有得到有效经济赔偿或精神上的抚慰，即便加害人认真悔罪，被害人又如何宽恕加害人，从而同意检察机关的附条件不起诉决定？相反，加害人涉嫌第六章罪名，真诚悔罪，被害人得到各种补偿后认可对方认罪态度，并接受检察机关不起诉的处理结果，此种情况下，双方实质上已经达成和解，但按照新法对刑事和解范围的规定排除第六章的罪名，此种情况又不能认定为刑法意义上的刑事和解？此种冲突，未来需要加以解决。

三、操作性建议

（一）未成年人刑事案件和解程序应特殊规定

新法对刑事和解程序进行了一般性规定,没有对未成年人刑事案件和解程序作出特殊规定,也没有在未成年人特殊诉讼程序中纳入刑事和解内容,不符合我国刑事政策历来强调对未成年人优先、特殊保护,强调对未成年人犯罪适用轻缓处罚的原则。最高人民检察院颁布的《关于在检察工作中贯彻宽严相济刑事司法政策的若干意见》(2006 年)第四、第十二条[①],《人民检察院办理未成年人刑事案件的规定》(2006 年)第四、第十三、第二十一条[②]等条文,强调人民检察院在办理未成年人刑事案件中应当注重社会效果,鼓励当事人双方和解,着重于未成年人悔罪态度及被害人的谅解意愿,并据此作出从轻处理的结果。上述规定均让刑事和解在未成年人刑事案件诉讼程序中运用占有重要的地位。其次,未成年人刑事诉讼中规定刑事和解程序,对宽严相济刑事政策的落实及和谐社会的构建都具有重大的积极意义。对于未成年人犯罪来说,因其成因的特殊性和可改造性,对其适用刑事和解符合宽严相济中"宽"的精神,被害人能够谅解,社会大众能够接受。未成年人由于缺乏社会阅历和实践经验,易产生幻想冲动多于理智,在面对人生和纷繁复杂的社会时,往往心理失衡走向

---

① 《最高人民检察院关于在检察工作中贯彻宽严相济刑事司法政策》第四条强调办案要注重社会效果,第十一、第十二条写明了未成年人刑事案件应坚持教育感化的政策,在轻微刑事案件中重在和解,可以相对不起诉或者不逮捕。

② 《人民检察院办理未成年人刑事案件的规定》第十三条规定了未成年人刑事案件中罪行不大且达成刑事和解的可以不予逮捕,第二十一条规定了特定未成年人案件达成刑事和解的相对不起诉。

极端,因此对于被害人来说也容易谅解。再次,在未成年人刑事案件设置专门的刑事和解程序外部条件已经具备。所谓的外部条件即司法机关纷纷设置了未成年人刑事案件专办机构。上海等省市均有专门的未成年人刑事检察机构,自从 1984 年第一个少年法庭出现,全国基本实现了所有未成年人犯罪案件全部由少年法庭审理。公安机关成立未成年人刑事案件专办机构(专办小组)也在积极推进之中。充分利用好这些外在资源,发挥好刑事和解程序在未成年人教育挽救刑事工作中的作用,将大力提升少年司法工作。

(二)未成年人刑事和解的类型范围应当宽泛

新法对刑事和解案件类型范围的规定主要以刑法分则为基础,以侵害财产、人身权益类型作为基本内容,能够在一定程度上体现刑事和解要求的加害方与被害方意思自治、社会关系可修补性等要素,但这种规定并不全面。一方面,一些具有类似要素特征的犯罪不能纳入,如寻衅滋事罪、敲诈勒索等;另一方面,没有考虑到未成年人案件的特殊性。相对于成年犯而言,未成年犯具有预谋犯罪少,冲动犯罪多,主观恶意小,悔罪态度好,社会危害性小,矫正治愈后较成年犯效果好等特点,决定了未成年人刑事案件具有开展和解工作的优势条件。对未成年人而言,适用刑事和解不至于造成对被害人、犯罪人利益保护和公共利益保护的失衡。因此,未成年人犯罪案件的刑事和解除了可以包括新法规定的第四章、第五章外,也应当包括各类过失犯罪以及初犯、偶犯、犯罪情节较轻微的寻衅滋事、聚众斗殴、敲诈勒索等对公共利益损害相对较小的刑事案件。

另外,对未成年人刑事和解范围应当采取宽泛的原则也有一定的法律依据。最高人民检察院颁布的《关于在检察工作中贯彻宽严相济刑事司法政策的若干意见》《人民检察院办理未成年人刑事案件的规定》明确要求在办理未成年人案件过程中加强加害方与被害方的和解工作,促使涉罪未成年人早日悔罪、认罪,重返社会,其对刑事和解范围的划定以犯罪主客观危害性大小为依据,[1]并没有将刑事和解案件范围以刑法分则的形式作出限制,甚至有条文直接建议将未成年人实施的初次犯罪、未遂案件,情节轻微的,不问案由一概纳入和解范围。[2]实践中,办理未成年人刑事案件适用和解工作的法律依据也多来源上述意见规定。因此,未成年人和解案件不以刑法分则章节的形式加以限制,其内容应当包括:(1)故意伤害罪(轻伤);(2)非法侵入住宅罪;(3)过失致人死亡罪;(4)过失致人重伤罪;(5)盗窃罪;(6)诈骗罪;(7)抢夺罪;(8)敲诈勒索罪;(9)故意毁坏财物罪;(10)寻衅滋事罪;(11)聚众斗殴罪等。新法生效之后,如何调整上述法律法规之间的和解类型范围冲突,有针对性地通过释法,适当放宽对未成年人犯罪案件适用刑事和解的范围,是我们不得不面对的严肃课题。

---

① 参见《最高人民检察院关于在检察工作中贯彻宽严相济刑事司法政策》第十二条,最高人民检察院《人民检察院办理未成年人刑事案件的规定》第十三条。

② 参见最高人民检察院《人民检察院办理未成年人刑事案件的规定》(2006年)第二十一条。

第四章　未成年人刑事司法

　　未成年人是国家和民族的未来和希望,未成年人的健康成长关系着国家和民族的前途与命运,关系着千万家庭幸福和社会和谐稳定。未成年人犯罪是影响社会和谐稳定的源头性、基础性问题之一,越来越受到社会的关注。未成年人处在人生起步阶段,心智发育尚未成熟,认识能力和控制能力尚不全面,可塑性强,容易受到家庭、社会等客观环境中不良因素的影响、诱惑而走上违法犯罪道路。同时也易于接受教育感化,重归正途。单纯的严厉打击和从重处罚会给未成年人贴上犯罪的标签,容易造成"交叉感染",进而导致重新犯罪。而依法原谅他们的冲动,保护他们的权益,感化他们的心灵,则有利于对他们的教育挽救,防止他们在犯罪的道路上越走越远。

第一节　未成年人心理测评

　　上海检察机关是全国最早对涉罪未成年人开展心理测评的司法机关。办案人员将测评的结果作为羁押必要性审查的单元并将其作为量刑考虑的因素,取得了丰硕的成果。尽管存在一定的争议,但就犯罪心理学得到发展的今天而言,对涉罪未成年人开展心理测评具有客观的可行性。

一、心理测评的可行性

一般来说，人格的构成比较复杂，心理学家对此的看法不尽相同，人格是动态的不是静态的，常常会随着情境的变化而有所变化，更何况未成年人的人格尚未定型，对其开展心理测评难度很大，因此需要理论上的精心准备，实践上的科学印证。

（一）理论基础

1. 开展涉罪未成年人心理测评的哲学基础

首先，马克思主义哲学认为，事物是运动的，事物的运动是有规律的，事物运动的规律是可知的。人的心理现象尽管纷繁复杂，但也是有规律可循的，因此也是可以预测的，但只有在准确测量和正确描述的基础上，才能推知其心理发展或变化的规律。其次，心理是人的主观活动，虽然人的心理活动和行为表现是世界上最复杂的现象，要理解人的心理和行为并不容易，但其内容根本上是人脑对客观世界的反映。人的心理活动过程，根据其反映客观事物及其相互关系的不同角度，可以分为认知过程、情绪过程和意志过程三个部分。现代科学实验的研究已经证明，心理现象是具有物质属性的，是人类大脑对客观事物认知活动的一部分反映，可以被直接或者间接通过科学实验方法所认知。再次，任何事物都不是孤立存在的，都有其自身发生、发展的过程。个体从呱呱坠地的那一刻开始，就不停地与社会和自然界发生相互作用，就不断地认识世界、反映世界，并在此基础上改造世界，从社会生活和自然界中满足自己的需要。在这个过程中，个体意识便逐渐形成和发展。人的心理活动逐渐由低级向高级，由简单向复杂发展,人的各种人格特征(包括认识能力、控制能力、社会情感、价值观念、社会态度等等)和社会品性也就逐渐形成、定型到完善。社会化过程,既是个体的社会性获得过程,又是个体人格的形成过程。因此,个体心理的形成严重依赖于个体与环境的相互交互作用,非孤立的单独存在,这也为心理测量提供了重要的理论依据。

2. 开展涉罪未成年人心理测评的心理学基础

人格原意指戏剧中演员扮演角色的面具,并随着人物角色的不同而变换。心理学把人格定义为,构成一个人思想、感情、行为整体的特有模式,它包含了一个区别于他人的稳定而统一的心理品质。人格具有独特性、稳定性、整体性、功能性等特点,决定了测试对象内容性。在既有的研究知识储备中,人格理论主要有人格特质理论、人格类型理论、人格精神分析理论、人格自我理论。[①]

人格特质首先由美国哈佛大学著名心理学家奥尔波特提出,他认为人格是由特质构成的,后者是指个人的心理结构,是个人遗传与环境相互作用后形成的对刺激信息反应的内在倾向,可由个体的外显行为来推知。特质分为共同特质和个体特质,后者依照对个体行为的影响程度,划分为首要特质、主要特质和次要特质。英国出生的美国心理学家卡特尔继而提出,人格是可测量的,根据一个人的人格特点,加上对情境因素的考量,就可以预测一个人的行为反应性质,甚至是人格数量值。英国心理学家艾森克在前人研究的基础上,提出了人格的基本维度和人格结构层次理论,前者包括内向与外向、神经质和精神质。此外,艾森克根据外向与内向和神经质(稳定与不稳定)这两个垂直维

---

① 参见叶亦乾等主编:《普通心理学》(第2版),华东师范大学出版社2004年版,第136页。

度,将人格划分为稳定内向型、稳定外向型、不稳定内向型和不稳定外向型四种组合。

人格的类型理论主要与人的社会性紧密联系。美国学者霍兰德依据社会形态的不同将人格分为六种类型,其发现人格特征与职业特征匹配时,人会表现出最大的积极性,使其优势得到充分发挥。德国哲学家斯普兰格根据人类社会文化生活形态来划分人的六种价值类型。

弗洛伊德是人格精神分析的创始人,该理论认为人的行为主要受到无意识的本质欲望的驱动,人的精神疾病主要是本能欲望受到压抑的结果。人格是一个整体,包含了本我、自我和超我,人格具有层次,分为意识、前意识和无意识。在继承前者的基础上,瑞士心理学家荣格提出把人格划分为内倾性和外倾性,奥地利的阿德勒则把追求优越作为人格的核心。

人格的自我实现理论也称为人本主义心理学,马斯洛是代表人物,其认为生理的、安全的、尊重的、归属的、自我实现的需要就是人类不同于动物的本质属性,人的成长源于个体自我实现的需要,是人格形成、发展、扩充、成熟的驱力。罗杰斯直接认为,人格的形成源于人性的自我压力,人格发展的关键在于形成和发展正确的自我概念。此外,罗杰斯认为心理治疗的目的就在于帮助病人或患者创造一种有关他自己的更好的概念,使他能自由地实现自己,实现他的潜能,成为功能完善者,为心理治疗提供了理论基础。①

3. 开展心理人格测试的方法储备

通过心理学家多年长期不懈的努力,对个人人格的测试形式也丰富多样起来,多种方法印证互补,为人格测试结论的准确性

---

① 参见叶亦乾等主编:《普通心理学》(第2版),华东师范大学出版社2004年版,第213页。

提供了丰富的方法、经验。常见的人格测试方法有访谈法、观察法、问卷法(自陈测验)、投射法、评定法、情景法。访谈法、观察法通过与被测试者面谈或面对面来了解一个人的人格,在心理诊断、人员招聘等场合使用比较普遍,特点是对使用者知识、技能、素质均要求较高。问卷法也称为自陈测验,是一种用书面形式来测量人格的做法,一般由是非题和选择题组成,计分客观,因此使用比较广泛。投射一词在心理学中是指个体把自己的思想、态度、愿望、情绪、性格等人格特征不自觉地反应于外界事物或他人身上的一种心理作用。投射量表最大的特征是刺激本身没有什么意义,而被测试者对这种刺激的反应完全由他人格所决定。评定法与自陈量表相似,只是前者是由他人来评定,后者系自己评定自己。情景法是把被测试者放在特定环境中,观察其在情景中的行为,从而判断其人格特征。①

(二) 现实基础

未成年人具有特殊性,其人格尚未定型。但青少年心理的发展,是受人的心理发展的一般规律制约的。人的心理发生和发展,就是把人的生物特征和需要,不断地纳入这一特定的社会关系的规范,生物学因素决定心理现象的发生和存在,而社会因素则决定着心理现象发生和变化的方向。

发展心理学对未成年人心理人格研究主要持两种观点:传统消极的观点和正常发展的观点。前者认为,青少年时期是人生发展的"狂飙时期",是一个与情绪骚动、精神混乱有着必然联系的发展阶段,因此注定要经历混乱与不安,注定是无礼和粗鲁的。②因此,青少年在这一时期,情绪稳定性、行为的成熟性以及对行为

---

① 参见金瑜:《心理测量》,华东师范大学出版社 2001 年版,第 73 页。
② 参见[美]菲利浦·赖斯等:《青少年心理学》,黄俊豪等译,学富文化事业有限公司 2004 年版,第 22—36 页。

的后果责任感都还没有达到一定水平,从而经常发生行为异常甚至越轨或犯罪行为。

随着心理学研究的不断深入,正常发展的观点占了主流,人们开始从个体发展和社会要求两个方面来对青少年的心理发展特征进行考量。个体在人生的每个阶段都有其特定的心理社会发展任务并形成特定的人格特征。青少年时期的主要任务是建立良好的自我同一性,自我同一性是关于自己是谁、在社会上应占什么样的地位、将来准备成为什么样的人以及怎样努力成为理想中的人等一系列主观愿望。在进行自我整合的过程中,青少年可能会经历角色混淆、自我怀疑、抑郁、冲动、与父母或权威人物发生冲突而出现逆反心理。如果其不能正确地进行角色定位,就有可能走向两个极端:过分依赖别人评价,特别希望得到他人认可,盲目顺从他人;不在乎任何人评价甚至对成年人及权威人物充满了敌意。因此,青少年时期的危机是一种正常现象,个体经历这个阶段后,将建立一种个人身份认同,避免同一性混乱的危险。人们可以通过心理测评的方式了解到青少年认知发展的阶段,了解到青少年是否有足够的能力来感知、了解、思考与应对周围的世界以及他们在解决各种实际问题的表现,从而帮助青少年修正自己的角色定位极端,实现其理想。[1]

(三) 实践基础

国内对涉罪未成年人开展心理测评已有一定的实践基础。自 20 世纪 90 年代起,上海检察机关就已经开始探索在诉讼过程中,对涉罪未成年人进行心理测评,并将测评结论作为采取强制措施、进行司法处理及开展教育矫治工作的参考依据,并建立委托专业机构开展心理测评工作的机制。近年来,在涉罪未成年人

---

① 　参见郭静晃:《青少年心理学》,洪叶文化事业有限公司 2006 年版,第 82 页。

心理测评机制日渐成熟的基础上,上海检察机关逐步探索结合心理测评结论,对涉罪未成年人进行心理干预。如上海市青浦区人民检察院与上海政法学院共同建立"未检心理支持中心",对亟需心理疏导的未成年人、人身权利遭受侵害的未成年被害人开展全程的心理支持工作,并提供专业的心理评估意见。在公安侦查及审查逮捕阶段,及时介入,对涉罪未成年人开展心理分析、疏导工作,根据未成年人的性格特点、犯罪原因、人身危险性、认罪悔罪等情况综合研判后给出的专业评估意见,作为涉罪未成年人羁押必要性评估的重要参考;在审查起诉、附条件不起诉监督考察、社区观护等阶段,工作站通过心理测评、心理访谈和心理干预等方式,为未成年人观护或矫治工作提供专业性意见或进行指导;尝试从家庭教育的角度,引导提醒家长针对未成年人性格特点,开展针对性教育;对心理支持对象建立档案。①

　　审判阶段,心理测评工作也有所开展。其中,有的法院将心理测评作为量刑参考,如浙江省宁波市海曙区人民法院邀请心理咨询师对于犯罪动因有明显心理偏差、犯罪行为有报复性、成人化特征的未成年人犯罪,在判决前进行心理测评,并根据测评结果酌情量刑,测评结果还将作为未成年罪犯帮教时候的指导参考;②重庆市合川法院心理咨询室聘请心理专家对涉罪未成年人进行案前心理测评,形成的心理评估报告作为法官量刑时酌情考量的指标。③还有的法院将心理测评作为涉罪未成年人心理疏导依据,如北京市法院通过邀请心理专家或与有关部门合作的方

---

① 参见青浦区检察院与上海政法学院会签的工作协议(2013 年 4 月 12 日)。

② 参见《宁波:未成年人判刑前先做心理测试》,http://news.qq.com/a/20070526/000762.htm,访问日期 2013 年 9 月 1 日。

③ 参见《重庆合川法院少年审判引入心理测试　结果可做量刑参考》,http://www.92xinli.com/show/525.html,访问日期:2013 年 9 月 2 日。

式,在庭前、庭中和庭后三个阶段,对出现心理问题的未成年当事人进行心理辅导,帮助他们缓解心理危机、弥合心理创伤,引导他们以积极的心态面对生活。①上海市高级人民法院与华东师范大学共建应用心理专业硕士未成年人心理援助实践基地,华东师范大学在法官中聘请导师,选派心理学研究生等到法院少年庭,通过个案跟踪研究、案例交流研讨、撰写实习报告、开展项目研究等方式,为未成年人及其家长提供专业的心理辅导。②

二、心理测评的实证分析

自 1993 年,上海市长宁区人民检察院率先开始在办案中对涉罪未成年人开展心理测评,上海检察机关涉罪未成年人心理测评工作历经二十余年发展,已经建立了委托专业机构开展测评的常态化工作模式,并将心理测评与心理疏导、心理干预、犯罪预防等工作相结合,为了解涉罪未成年人犯罪心理原因,开展教育、感化、挽救工作提供了参考依据。下面我们将对上海检察机关开展涉罪未成年人心理测评工作进行深入分析。

(一)测评的基本方法

1. 测评人员

根据心理测评的一般要求,心理测评应征得涉罪未成年人及其法定代理人的同意,并且测评前,测评人员与被测评人应进行

---

① 参见《北京市将对涉诉未成年人进行心理评估干预》,http://roll.sohu.com/20110630/n312147157.shtml,访问日期 2013 年 8 月 23 日。

② 参见《上海高院与华师大打造未成年人心理援助实践基地》,http://www.news365.com.cn/xwzx/jy/201211/t20121108_768732.html,访问日期 2013 年 8 月 29 日。

良好的沟通,让被测评人在自愿和信任的基础上,在轻松的环境下进行测评。因此测评人员的选择对于测评结果具有十分重要的意义。

在上海检察机关的实践模式中,测评人员主要由未成年人刑事检察部门的承办人担任,但也区分以下几种不同情况:被采取取保候审措施的涉罪未成年人,可以自行前往专业心理测评中心,由测评中心的工作人员开展测评,或由案件承办人开展测评;对于在押的涉罪未成年人,则由案件承办人或者监所部门驻看守所检察人员进行测评。

2. 测评阶段

上海检察机关未检部门在未成年人刑事案件的审查逮捕和审查起诉阶段均开展了心理测评工作。但由于心理测评需委托专门机构进行分析才能得出结论,周期较长,而审查逮捕的法定期限只有 7 天,因此审查逮捕阶段开展心理测评的数量远远少于审查起诉阶段。

3. 心理测评量表的种类

上海检察机关未检部门开展心理测评选取的量表主要为明尼苏达多相人格问卷(MMPI),有的区院也辅以 16 种人格因素问卷(Sixteen Personality Factor Questionnaire,简称 16PF)及房树人测验(House-Tree-Person)、沙盘测评等形式作为补充。

4. 对心理测评结论的运用情况

审查逮捕阶段:心理测评结论可以为承办人是否采取逮捕强制措施提供参考意见。若心理测评及行为评定均显示未成年犯罪嫌疑人无重犯越轨行为的可能性或重犯越轨行为的可能性较小,并且能够与承办人通过社会调查、讯问犯罪嫌疑人、询问犯罪嫌疑人父母等其他方法所了解的未成年犯罪嫌疑人性格特征、悔罪心理等相互印证,则承办人倾向于判断其社会危险性较低,而对该未成年犯罪嫌疑人作出不批准逮捕的决定。

审查起诉环节:承办人可以结合心理测评结论,更好地分析了解未成年犯罪嫌疑人的犯罪原因、性格特征、悔罪心理等,并结合未成年犯罪嫌疑人的犯罪事实、情节作出提起公诉或适用相对不起诉、附条件不起诉的决定。同时,心理测评结论还可以在案件办理、观护帮教、附条件不起诉监督考察期间,帮助检察机关承办人、社工等观护帮教、监督考察人员,制定帮教考察计划并对未成年犯罪嫌疑人开展具有针对性的心理辅导、心理干预和心理矫治。

审判环节:承办人在建议量刑时,可以参考心理测评结论,对量刑幅度、刑罚适用方式等进行建议,以便更好地惩治犯罪、预防犯罪。

教育环节:承办人可以结合案件具体情况、社会调查报告和心理测评结论,对未成年被告人开展具有针对性的教育。

(二)测评的基本数据

为更加深入地对心理测评情况进行分析,我们对 2010—2012年上海检察机关开展涉罪未成年人心理测评工作情况进行了统计,并与基层未检办案人员进行了访谈,重点考察了测评结论与不捕、不诉结论之间是否存在正相关性,现将分析情况汇总如下:

表 4-1　未成年犯罪嫌疑人心理测评情况统计表

年度	开展心理测评人数	心理测评结果(人数)				无效
		有效				
		总计	有重犯越轨可能性	重犯越轨可能性较小	无重犯越轨可能性	
2010	643	458	174	242	42	185
2011	786	587	206	326	55	199
2012	992	700	269	351	80	292
合计	2 421	1 745	649	919	177	676

从表 4-1 看,上海检察机关开展涉罪未成年人心理测评的人数呈逐年上升态势。在三年测评数据中,测评结果为无效的,占测评总数的 27.9%;在有效测评结论中,有重犯越轨可能性的占 37.2%,重犯越轨可能性较小的占 52.7%,无重犯越轨可能性的占 10.1%。

表 4-2 再犯人员心理测评情况统计表

年度	未成年再犯人数	心理测评结果(人数)				
		有重犯越轨可能性	重犯越轨可能性较小	无重犯越轨可能性	无效	未测评
2010	75	24	6	1	5	39
2011	85	18	17	1	8	41
2012	70	18	7	0	11	34
合计	230	60	30	2	24	114

注:表 4-2 中再犯人数统计,仅为上海检察机关未检部门办理案件过程中发现的再犯人员,为不完全统计。

从表 4-2 可以看出,再犯人员有效心理测试结果中,结论为无重犯可能性的仅占 2.2%,结论为有重犯越轨可能性的占 65.2%,结论为重犯越轨可能性较小的占 32.6%。由此可见,MMPI 量表对再犯可能性的评估与再犯实际情况基本一致,有正相关性。

表 4-3 不捕人员心理测评情况统计表

年度	不被捕的未成年人人数	心理测评结果(人数)				
		有重犯越轨可能性	重犯越轨可能性较小	无重犯越轨可能性	无效	未测试
2010	136	7	14	0	7	108
2011	175	16	17	0	11	131
2012	219	21	33	0	24	141
合计	530	44	64	0	42	380

需要说明的是,由于逮捕审查期限较短,有 71.7％的涉罪未成年人在作出不批准逮捕决定前没有进行心理测评。在已经进行心理测评的涉罪未成年人中,结论为无重犯可能的为 0,结论为有重犯越轨可能性的占 40.7％,重犯越轨可能性较小的占 59.3％。心理测评结论与检察机关实际作出的不批准逮捕决定具有一定的差异。虽然在进行测评时,绝大多数的涉罪未成年人均处于羁押状态,可能存在焦虑、紧张、适应不良等负面情绪,在一定程度上影响了测评的效果,但这些因素是否为 MMPI 测评结论中无重犯结果为 0 的主要原因,值得我们研究。

表 4-4　不诉人员心理测评情况统计表

年度	不被诉的未成年人人数	心理测试结果(人数)				
		有重犯越轨可能性	重犯越轨可能性较小	无重犯越轨可能性	无效	未测试
2010	72	4	28	6	5	29
2011	114	11	60	4	16	23
2012	154	16	97	9	21	11
合计	340	31	185	19	42	63

从表 4-4 中可以看出,不被起诉的涉罪未成年人中,测评结论为有重犯越轨可能性的占有效测评结论的 13.2％,重犯越轨可能性较小的占 78.7％,无重犯越轨可能性的占 8.1％。由此可见,心理测评结论与检察机关不起诉决定正相关程度较高。

(三) 效果评估

通过对上述数据的分析评估,我们不难看出,心理测评手段的运用对于未成年人刑事案件的办理具有一定的参考意义,但也有明显的不足之处。从测评数据上看,无效测评结论的比例较高,测评的信度也需要进一步提高,尤其是不捕人员测评结论与不捕决定之间的关联性存在较大差异。

1. 有成效的典型案例

大体而言,基层检察机关未检部门能够有效利用心理测评结论为未成年人"教育、感化、挽救"工作服务。例如沈某等六人故意杀人案中,未成年犯罪嫌疑人费某在侦查阶段心理测评结论为无效。在审查起诉阶段,承办人提审时再次对费某使用 MMPI 测量进行心理测试,结果显示费某好寻求刺激,自以为是,做事冲动,少考虑后果,责任心差,且行为好模仿,情绪稳定性稍差,但待人尚和善,平时虽有一定的自控能力,但行为易受他人及环境的影响,目前费某紧张,后悔心理明显,重犯越轨行为的可能性较小。经讯问费某,了解到费某因寻求刺激,进入"杀人"网站,结识并崇拜自称杀过人的同案犯牟某,后帮牟某在网络发帖招募杀手,成为网络雇凶杀人案中不可缺少的一环。该心理测评结论与其犯罪原因相符。针对费某待人和善,易受他人及环境影响的特点,承办人在讯问和庭审时采用情理交融方式进行教育,使费某真正认识到自己行为的严重性,取得良好的教育效果。①再如俞某盗窃案,承办单位在审查起诉阶段,着手对其进行心理测评,测评结果为存在重犯越轨的可能性。在审查起诉阶段,俞某的家人积极退赃,取得了被害人的谅解。考虑到本案的涉案金额仅为四千余元,承办单位对其变更强制措施为取保候审,并将其送入观护基地进行观护帮教。观护基地对俞某在观护期间的表现评价一般,认为其对帮教有负面情绪。后承办单位聘请心理咨询师介入,掌握其心理状况。心理咨询师经过接触也认为俞某认罪悔罪态度不好,甚至有较强的抵触情绪。基于本案犯罪嫌疑人俞某的心理情况的特殊性,承办单位最终对其提起公诉并获得法院判决。②

---

① 该案例系 2012 年上海市检察院第二分院承办的案件。
② 该案例系奉贤区人民检察院 2012 年案件。

2. MMPI 测评本身存在的问题

我们对基层检察院未检部门承办检察官进行访谈,对涉罪未成年人心理测评工作情况进行调研,汇总分析后归纳出以下几点问题:

第一,心理测评单位资质认定存在问题。MMPI 心理测评报告的出具主体是上海市爱心帮教基金会青少年心理辅导部,该测评报告相较于精神病鉴定等鉴定结论最大的区别在于其不具有证据效力,因而在具体办案过程中,心理测评结果的作用有限,常被承办人用来辅助判断采取不捕、不诉措施是否适当或在进行量刑建议时作为参考。

第二,测评结论较为单一,缺乏对未成年人开展心理疏导、心理干预及心理矫治的建议,且信度起伏较大。根据犯罪嫌疑人有、无重犯越轨可能性或可能性较小这样单一的结论,承办人很难据此对案件的处理作出明确具体的判断,因此心理测评结论对承办人处理案件的参考作用常流于形式。我们认为,一个理想的心理测评量表除了能对涉罪未成年人重犯可能性作出评价外,还应当对其是否具有社会危险性的其他方面进行评价,并对涉罪未成年人的基本心理特征进行描述,以为后续的教育矫治工作提供依据。每个犯罪嫌疑人的年龄、生活经历、家庭情况各不相同,所犯罪行、犯罪原因也不尽相同,仅凭 MMPI 测评表统一的题目,得出的分析结论不具有很强的针对性。另外,我们也看到审查批捕阶段 MMPI 测试结果与不捕结果存在严重背离。

第三,测评的法律地位和使用途径有待确立。当案件的客观情形满足不捕、不诉条件时(例如犯罪嫌疑人的犯罪情节轻微、具有自首情节、与被害人进行刑事和解等),心理测评结论如果显示犯罪嫌疑人无重犯越轨可能性,则有助于承办人更确定地采取不捕、不诉措施。但实际办案中,可能出现心理测评结果显示犯罪嫌疑人有重犯越轨可能性或者重犯越轨可能性较小这种与客观情形相矛盾的情形。明确心理测评报告结果对案件处理的相关应用原则，将有助于更有效地利用心理测评这一辅助办案手段。

第四，MMPI 心理测评量表本身存在的问题较多。首先是量表题量较大，未成年犯罪嫌疑人相对成年犯罪嫌疑人思想集中时间段较短，易造成在答题过程中开小差或为了尽快完成题目而随意答题的现象，这也是造成无效结论较多的原因之一。其次，测评结论反馈不及时，由于检察机关委托专业机构对测评问卷进行分析，需要耗费较长的时间，这也是在审查逮捕阶段心理测评工作开展不够的主要原因。第三，部分题设不符合中国国情、表述不适合中国用语习惯，对未成年人文化程度、理解能力、注意力的集中都是巨大的考验，导致部分涉罪未成年人不能完成整个测试。

第二节　未成年人犯罪调查及工作建议

近年青浦地区青少年犯罪案件逐年上升，一个显著的变化即外来未成年人成为犯罪的主要组成部分，具有侵财性犯罪占多数、暴力犯罪占相当比例、结伙犯罪突出、犯罪随意性较大、自身文化低、来自问题家庭多等明显特点。出现的原因主要有无法获得"文化认同"、受教育程度低、法制观念淡薄、生存技能差、监护人疏于管教、社会不良环境影响、沉溺网吧等。当前工作重点应将游离于体系外的外地籍未成年人纳入防控机制，整合各种社会力量，建立涉罪未成年人的特殊社会观护帮教机制，平等保护外来未成年人的各项权益，并注重源头预防。

下面就青浦区未成年人近几年的犯罪情况作如下调查分析。

一、基本犯罪情况

根据青浦区人民检察院数据统计,2004 至 2009 年全区批准逮捕的涉罪未成年人数量呈现不断增长并维持高位的趋势。从数据统计上看 2007 年是青浦区未成年人犯罪的一个波峰,也是一个拐点,出现这一现象的原因错综复杂,但不能由此断定我区未成年人犯罪数量 2007 年已至顶点。用图表表示如下:

表 4-5 2004—2009 年青浦地区涉罪未成年人逮捕数据统计表(人)

项目 \ 年份	2004 年	2005 年	2006 年	2007 年	2008 年	2009 年（截至 9.18）
涉罪未成年人逮捕总数	75	79	89	103	67	82
本地涉罪未成年人逮捕数	22	20	11	4	3	7
外来涉罪未成年人逮捕数	53	59	78	99	64	75
外来未成年人占逮捕数比	71％	75％	88％	96％	96％	91％

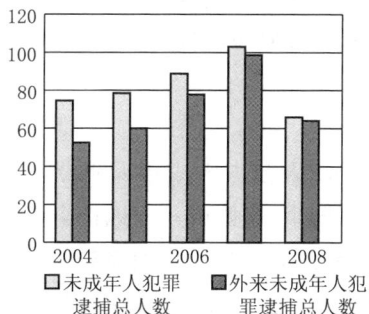

图 4-1

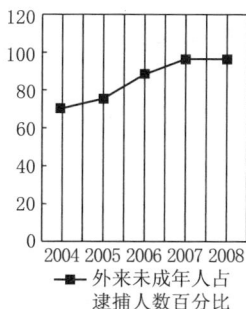

图 4-2

从这些数据中可以看出，青浦区未成年人犯罪中涉罪外来未成年人的比例逐渐增长至 96%，可以预计未来青浦区涉罪未成年人中外来未成年人所占比例将维持在 90% 以上高位，外来未成年人已成为青浦区未成年人犯罪的最主要组成部分。

二、犯罪特点

相比较于成年人犯罪，未成年人犯罪有其明显特点：

1. 侵财性犯罪占多数

未成年人犯罪中侵财性犯罪（盗窃、抢劫、抢夺等）占多数，根据数据统计，近年来侵财性犯罪约占未成年人犯罪中的 80% 以上，为了非法获得财物成为未成年人犯罪的主要动机。

2. 暴力犯罪占相当比例

未成年人特别是外来未成年人由于他们文化程度低，多数为文盲加法盲，容易冲动，遇到问题不能正确解决，动辄施以暴力，为一些口角之争或者小摩擦就采取暴力手段大打出手，给社会造成严重的不良影响。如外来未成年人于某故意伤害案，于某有一份稳定的工作，就因为同事一句不恰当的玩笑话发生争吵，进而上升成斗殴，打斗中于某捅中被害人胸部，导致被害人死亡的恶性事件。

3. 结伙共同犯罪突出

据统计，未成年人共同作案的人数占未成年人犯罪人数的 90% 以上，外来未成年人与同乡、同事、亲戚或与本地社会闲散青年结成犯罪团伙共同作案特点明显，未成年人伙同成年人共同作案现象也尤为突出。例如外来未成年人任某、邓某某、李某、刘某盗窃案就是四人团伙交叉作案，自 2007 年开始在朱家角地区疯狂作案三十多起。

4. 犯罪随意性较大

由于受教育程度较低,未成年人的犯罪方法一般比较简单,很少有高智商、高技术的犯罪。且犯罪多为临时起意,初犯、偶犯较多,有很大的随意性。如李某、姚某抢劫案,只是因为犯罪嫌疑人一时觉得缺钱花,二人便在暂住处带上水果刀去公园伺机寻找目标,在公园厕所里将被害人抢劫。

5. 文化层次偏低,小学、初中文化程度的占多数

据统计 2004 至 2008 年间未成年犯罪嫌疑人中只有小学文化程度(包括小学阶段辍学)的占 16%,初中文化程度(包括初中阶段辍学)的约占 78%,两项合计约占 94%。文化层次低成为涉罪未成年人一大显著特点。

6. 本地涉罪未成年人来自"问题家庭"居多

根据调查,涉罪的本地籍未成年人来自离异家庭、困难家庭的占半数以上。对成长不利的家庭环境严重导致未成年人行为偏差现象的出现。例如翁某某抢劫案中,翁自小父母离异,跟爷爷奶奶居住在白鹤某村,家庭经济条件困难监管乏力,翁某某暑期长期与不良朋友厮混在一起,甚至彻夜未归,最终发生翁某某为挥霍伙同潘某某等人至青浦区职业学校附近劫取学生开学学费的恶性案件。

7. 外地涉罪未成年人中"三无"人员居多,即无固定居所、无稳定经济来源、无成年亲友适当监护

据调查,本地涉罪外地未成年人罪犯的流动性大,有关部门对他们很难控制。在调查中发现,大多数外来涉罪未成年人案发前一段时间自己单独居住(即使父母一同来沪的,也不居住在一起),独自依靠不稳定收入生活,缺乏父母必要监护与有效指导,有时仅为暂时的生活所需或仅为上网所需便走上犯罪的道路。

例如未成年人王某某、孙某某抢劫案中,王、孙二人父母均来沪十余年,辛勤劳动,家庭经济条件不错,但二人最显著的特点就是与父母分开居住,年纪小无法工作平日便流连于社会各灰色角落,上网且留宿宾馆,父母也不闻不问,最终酿成二人多次持刀抢劫的恶果,家长追悔莫及。

三、犯罪原因分析

近几年,青浦地区未成年人犯罪比例逐年上升,原因有多重性。分析主要有以下几种。

1. **外来未成年人犯罪数量占绝大多数,他们无法获得对城市的"文化认同"**

社会文化环境是青少年心理发展的前提和背景,他们的思想意识和价值观念都源于他们所在的背景文化。当一个人在社会化过程中内化了积极健康的价值观和自我概念,就会使他们增强社会责任感,遵守社会规范,强化个人的自我控制能力,这样会大大降低犯罪概率。但如果一个人内化了不健康的价值观,就会任由本能做事,完全不在意别人的看法,容易逐渐偏离社会正常轨道。外来未成年人并没有很强的是非观念,很容易在不当的或非主流文化环境中形成畸形的需要、错误的观念、不良的动机和有缺陷的人格。因此,为外来未成年人提供一个值得他们尊重的社会主流文化,使他们树立社会主导价值观指导下个体正确的价值体系,这样就不会因为缺乏对社会的一体感和归属感而在犯罪团伙中寻求所谓的"归属"和认同。外来未成年人作为城市结构的新生组成部分,他们不仅仅是生存意义上想融入城市,更在自我认同、生存方式乃至价值观等方面都试图融入城市,但屡屡受挫,让这一群体存在着强烈的不公平感,无法获得对城市的"文化认同",导致了自卑、怨恨、仇富等心理。如杨某抢劫案,其到上海以后发现两地贫富的差距,产生了仇恨的心理,此时他老家的一个亲戚生病做手术急需一大笔钱,于是某年 8 月他和一个老乡在华新某村,持刀拦路抢劫,将一名被害人砍伤,劫得 2 部手机。

2. 文化素质普遍较差,法制观念淡薄

除了本地籍未成年人犯罪的家庭因素外,外来未成年人大部分法制观念极其淡薄,有其受到教育偏少的原因,也有父母本身文化素质偏低对未成年子女法制教育引导不足的原因,甚至有文化原因。调查中发现,外地涉罪未成年人绝大部分来自贫穷落后的农村,辍学现象比较严重,其中农民占了 95% 以上,他们当中大多数为初中以下文化程度,自身素质普遍较差。部分外来涉罪未成年人从小在青浦长大,并在民办学校就学,如民工子弟学校,师资水平与主流教育水平有不小差距,没有法制副校长参与法制教育,法制观念淡薄,遇到问题容易丧失理智,脾气暴躁冲动,个人行为不计后果。青浦区人民检察院在办案过程中,曾到本区某民工子弟学校调查,得知部分学生家长认为小孩小偷小摸没什么大不了,甚至放纵子女某些不良行为,导致了该部分学生的人生观、价值观发生偏移,最后走上犯罪道路。

3. 生存技能缺乏,谋生手段弱

外来未成年人大多来自贫困地区,在家乡接受教育的环境和条件都不够好,学习质量不高;有些人跟父母来沪打工后,上不起好的学校,这类学校教学质量和环境都比较差,使他们求学的欲望比较弱,厌学情绪严重,逃学、辍学、退学情况普遍。一方面他们看不到教育对改变其社会地位的作用,另一方面对自己的命运并不甘心,特别渴望成功,不断地尝试,希望通过自己的努力能改变现有社会地位和经济状况。但由于文化程度低,无一技之长,就连找一份稳定的工作养活自己都成奢望,屡屡失败,使他们有种强烈的挫折感和愤怒感。他们看不到用合法手段获得成功的希望,具有同样心境的人就会因为"同病相怜"聚集在一起,形成越轨亚文化群体,这样可以减少和淡化他们越轨后所产生的道德上的压力,强化他们的越轨行为,进而使这种越轨行为转化为反社会行为和犯罪行为。其由于文化、技术方面基础较差,加上语言有障碍,往往求职无门,难以找到合适的工作。有的找到了工作,因怕苦怕累,贪图享受,流落社会。这些人一旦经济拮据,或受他人诱惑,就会进行犯罪。

4. 监护人疏于管教,放任自流

据调查,青浦区未成年人犯罪中,无论是本地籍未成年人还是外来未成年人,父母多数是从事服务性行业的人员,如小商品买卖、保洁员、水产生意等,工作时间较长,基本无暇顾及子女的教育。其中外来未成年人家庭生活多数非常不稳定,父母疏于关注孩子的成长过程,导致了这部分孩子普遍学历低、家庭管教缺乏,辍学或者义务教育完成后,就跟随父辈到陌生地方打工,导致此类未成年人踏上社会后的社会接纳程度较低,在陌生的地方,他们没有朋友。因为上述原因,差不多背景的老乡成为了他们交流和玩耍的主要对象,而这部分老乡也存在普遍素质不高,法律意识差和易冲动的问题。

5. 交友不慎,受社会不良环境影响,导致犯罪

未成年人的思维和辨别能力较差,如果没有良好的家庭环境和社会环境,一旦交友不慎,犯罪概率非常高。家庭、社会环境对人生的影响也是众所周知,正所谓近朱者赤、近墨者黑。家庭居住的环境和周边人员的社会道德素质、治安环境、文明程度等都是影响孩子成长的因素。另外,在家庭中,家长的不良行为也不可忽视。

6. 沉溺于网吧,并由此引发犯罪

青浦区人民检察院有关部门在办案中发现,80%以上的未成年人犯罪案件或多或少与网吧相关联。部分网吧为了追求盈利,管理混乱,放任未成年人自由出入,更有甚者成为未成年人夜不归宿的收留地。有些未成年人在网吧花光了所有的钱财,便产生犯罪的念头,走上犯罪道路。有的网吧成为未成年人犯罪集合点,交流犯罪经验、结交犯罪同伙的场所。比如徐某等四人多次抢劫,同案犯通过网络纠集在一起,网吧成为他们事前集合进行预谋的场所,抢劫财物后又回到网吧继续上网挥霍。总之,网吧成为外来未成年人犯罪温床的现象越来越明显。

四、工作建议

未成年人犯罪数量不断增多的现象值得有关部门认真反思。由于外来未成年人犯罪数量占未成年人犯罪的绝大多数,我们认为,除了做好常规的未成年人犯罪预防工作外,当前工作重点是将外来涉罪未成年人纳入未成年人犯罪正式控制机制。

(一)平等保护涉罪外来未成年人的各项刑事诉讼权益

平等保护涉罪外来未成年人刑事诉讼权益的基本价值有三项:一是保障人权,较多地体现了贯彻未成年人权益保障法的精神;二是教育和预防的有机结合,它体现了贯彻未成年人犯罪预防法的精神;三是对于合理降低我国的高刑事羁押率具有重大价值。

1. 建立涉罪未成年人的特殊取保候审机制,提高涉罪外来未成年人取保候审适用率,以体现该制度的全面性、平等性

对犯罪嫌疑人采用非监禁刑处理的方法,不仅能避免"交叉

感染",有效缓解监狱压力,更为人道文明,也能有效控制重新犯罪,所以是现代司法监狱制度推崇的发展方向。对于正处在成长期的未成年人而言,一旦被采用羁押措施,由此而带来的"染缸效应"极易让他们再次走上犯罪道路,而"监狱亚文化"也使未成年人容易产生反社会情绪,以致成为"监狱常客",影响社会稳定。此外,青浦看守所警力是根据常住人口人数按比例配置,由于外来流动人口增加而带来的外来犯罪人数的增加,羁押人数已严重超编。根据调研情况,青浦看守所内涉罪成年人与未成年人混关现象严重,监管场所已人满为患,无法避免涉罪未成年人在监禁场所受到交叉感染。

我国取保候审的配套措施和保障机制有待完善,犯罪嫌疑人在取保候审期间处于无人监管的真空状态,而涉罪外来未成年人存在突出的"三无"现象,更直接导致取保候审难的现状。根据统计,2004 至 2008 年青浦区涉罪未成年人取保候审适用率为 63%,而外地籍未成年犯罪嫌疑人取保候审适用率为 6.5%,本地籍未成年犯罪嫌疑人取保率是外地未成年人取保率 10 倍左右。要解决这一难题,可以采取以下两种方式:一是整合社会资源。目前,要尽可能地在保证诉讼正常进行的前提下减少对涉罪未成年人的羁押,有效保护未成年人的合法权益,从源头上预防和减少未成年人违法犯罪,不能单纯依赖司法机关,需要通过全社会的力量全面加强对未成年人权益的保护。提高涉罪未成年人非羁押措施的适用比例,同时他们取保候审后帮教问题,特别是外来未成年人取保候审后难以监控问题,需要检察机关主动出击,去联合、借用其他社会部门力量,建立社会"观护体系",坚持对失足未成年人实行"教育、感化、挽救"的方针,通过极具人性化、亲和力的社会工作对其进行帮助、教育,积极形成预防未成年人违法犯罪工作的社会联动机制,从根本上预防未成年人违法犯罪。

二是设立涉罪未成年人"观护体系"。对所犯罪行较轻、主观恶性小、无羁押必要,但囿于在本地无固定住所、没有保证人或无力交纳保证金,无法办理取保候审手续的外来未成年嫌疑人,由观护点作为取保候审的场所,为他们提供食宿、工作,并进行必要的法制教育和心理辅导,同时适当扩大保证人的范围,从观护点工作人员中选择有爱心和一定经验的合适成年人推荐给涉罪外来未成年人担任保证人,以此保证诉讼的顺利进行。为此,建议"观护体系"由政府牵头,实行"政府主导、社会机构广泛参与"模式,以便整合诉讼内外的资源,促进取保候审的扩大适用。具体可以选择一两个街道和镇,将集体或国有企业作为"观护点",使他们成为爱心企业,政府拿出一定的经费作为给企业的补贴,企业也承担一定的费用作为承担社会责任的方式,将可以取保候审的涉罪外来未成年人放在其中,使他们居有定所,衣食无忧,边工作边学习技能边接受教育。其间建立帮教小组(可由公安、检察、司法、青少年社工、志愿者、党、团组织成员组成帮教小组),与他们结对谈心帮教,以此减少人身受羁押对轻罪、初犯未成年人造成的伤害,实现涉罪外来未成年人在适用取保候审上的平等性。

目前青浦区华新镇、徐泾镇已经建立观护点,在积累经验的基础上,争取将上述工作在全区范围推广开来。另外,区政协可利用自身资源,动员企业家委员尽可能地承担社会责任,接纳涉罪未成年人,积极成为未成年人观护体系中的"爱心企业",为平安青浦作出贡献。

2. 建立涉罪外来未成年人的社区矫正体系,提高涉罪外来未成年人适用非监禁化程度

社区矫正就是充分利用社会资源,积极运用各种方法、手段,整合政法部门、社区等各方力量,着力对社区范围内的假释、监外执行、管制、剥夺政治权利、缓刑等罪犯进行针对性教育改造的手

段和方法。社区矫正的目的是预防犯罪、保全社会。

对于涉罪外来未成年人,也可以尝试社区矫正,对一些有固定住所的涉罪外来未成年人,实行诉前考察,也可以对其作出相对不起诉、判处缓刑等非监禁方式,并纳入社区矫正的范围。建议由区综治办或司法局牵头,建立一支相对稳定的、具有较高素质的社区矫正志愿者队伍,以社会化、专业化、项目化的志愿者结对帮教方式,做好外来未成年社区矫正对象的帮教、服务工作。社区矫正内容包括思想引导、心理疏导、法律服务、文化教育、就业导航、困难帮扶六个方面,对每个矫正对象都制订个性化的帮教方案,以达到较好矫正效果。这一措施可以扩大涉罪外来未成年人适用非监禁化的范围。

(二)加强社会综合治理,注重源头预防

近年来,青浦区各级党委、政府和有关部门关注外来未成年人的健康成长,在解决来沪务工人员子女入学、进行思想道德教育、预防违法犯罪等方面已经采取了一些措施。但是,由于外来人口流动性大,情况复杂,难以调控,外来未成年人违法犯罪的情况仍然比较突出。为了做好这项工作,建议从思想、机制、教育和管理等方面进一步予以重视和加强。

1. 防范措施上形成合力

预防外来未成年人违法犯罪工作是青浦区构建和谐社会的一项重要工作,需要各级领导、有关部门和社会各界形成合力,齐抓共管。一是综合利用各方面的力量,进一步加大整治"黄、赌、毒"等社会丑恶现象的力度,防止这些社会丑恶现象对外来未成年人带来负面影响。二是要充分发挥有关职能部门的作用,严格依法管理网吧、迪吧、歌舞厅和游戏机房等社会娱乐场所,严格限制未成年人进入。三是进一步形成学校、社区和家庭有机结合的预防工作网络,相互联系,相互沟通,形成合力,共同做好防范工作。

2. 工作机制上不断完善

要将外来未成年人纳入外来人口的综合管理范围,更好地掌握外来未成年人的基本情况,落实家庭监护和社会管理的有效机制。要把预防来沪务工人员子女违法犯罪的工作依托已经成立的平安工作站,纳入平安社区(村、镇)创建活动,推动这项工作在基层广泛开展。还要加强对失学、无业和流浪未成年人的救助保护机制的建设,切实保护这部分困难群体的合法权益。同时社会矫正工作机构要把在青浦居住的外来矫正对象列入社区矫正工作范围,落实矫正措施,帮助他们解决实际困难和问题,防止他们重新犯罪,促使他们健康成长。

3. 基础教育上落实到位

一是深入贯彻实施《中华人民共和国义务教育法》,将外来未成年人的义务教育纳入公共教育体系,通过各种方式资助贫困未成年学生,保障在青浦区的外来适龄未成年人能完成义务教育阶段的学业。二是帮助、鼓励在校的外来未成年学生学习文化知识,防止他们旷课、辍学,对于有轻微违法行为的学生一般不要开除学籍,切实为他们的健康成长创造一个良好的教育环境。三是把青少年德育和法制教育工作列入学校的教育计划,融入课堂教育和学校的各项教育活动,统一进行检查考核。要特别重视对外来未成年学生的针对性教育和心理矫治工作。四是学校和社区都要注重对外来未成年人家长的教育帮助,"家长学校"对他们开放。通过"家长学校"的组织和教学工作不断提高家长的思想道德素质,取得他们的理解和支持,增强他们对未成年子女的监护责任意识和教育监护能力。五是对既不能升学又不能就业的外来未成年人,可以组织他们进行专业技能培训,本区的各类职业技术学校应向他们开放,为他们劳动就业创造条件,防止他们流散社会,无事生非。

4. 社会环境上营造好氛围

外来未成年人群体是一个值得社会关注的、特殊的弱势群体。要提高这个群体的整体素质,使其更好地融入良好的社会环境,这是各级领导和社会各界义不容辞的责任。因此,全社会都要正确对待外来未成年人,对他们要持正确的态度,拒绝社会排斥,要关注,不要歧视。要营造适合他们生活和发展的良好氛围,一些惠及当地未成年人的优惠政策,也应向他们延伸,同时丰富外来务工未成年人文化生活,在聚集区域开展健康的社区活动,占领业余文化阵地,提高外来未成年人的人文素质。继续加大网吧的监管与控制,严厉打击"黑网吧"等娱乐场所,打击淫秽、暴力影片及游戏,减少外来未成年人被诱导、被影响的机会。新闻媒体要注重对外来未成年人的生活、学习情况和思想道德方面的闪光点进行正面宣传报道,对他们进行法制和道德方面的教育引导,使他们真正感受到社会对他们的关爱、支持和期望,让他们认可城市,融入城市,在城市中能产生归属感,加强他们与城市的人情联系,激励他们好学上进,遵纪守法,预防和减少违法犯罪情况的发生。

第三节　建立社会观护体系

近年来,在全社会的共同努力下,尽管防治未成年人犯罪工作取得了明显成绩,但形势仍不容乐观。犯罪总量仍在高位徘徊,并且随着经济社会的发展出现了一些新情况、新特点,恶性极端案件时有发生,教育、挽救涉罪未成年人的难度越来越大,给千万家庭幸福和社会和谐稳定带来了严重影响。未成年人的特殊性及相对应的特别刑事司法政策决定了处理未成年人犯罪要坚持"教育为主、惩罚为辅以及区别对待"的原则,贯彻"教育、感化、挽救"的方针,明显有别于对成年人犯罪的处理。

司法机关对涉罪未成年人开展的特色工作中,重要内容之一就是对涉罪未成年人在保证诉讼顺利进行的前提下尽量减少羁押。《联合国少年司法最低限度标准规则》(简称《北京规则》)第十七条、第十九条都规定,把未成年犯投入监禁机关始终是万不得已的处罚办法,而且其期限应是尽可能最短的必要时间;只有在未成年人犯有严重暴力犯罪或系累犯,且不能对其采取其他合适的对策,经审慎考虑后才可剥夺未成年犯之自由而采取监禁刑。《儿童权利公约》第三十七条(b)规定:"对儿童的逮捕、拘留或者监禁应符合法律规定并仅应作为最后手段,期限应为最短的适当时间。"《中华人民共和国未成年人保护法》《中华人民共和国预防未成年人犯罪法》也明确规定:处理未成年人与成年人犯罪案件应坚持区别对待原则,对未成年人应坚持"教育为主,惩罚为辅"的原则,执行"教育、感化、挽救"的方针。为了减少逮捕羁押措施给涉罪未成年人造成的负面影响,不断完善取保候审等各种非羁押措施,是现代少年司法制度发展的趋势。

一、当前特色工作

近年来,青浦区办案部门遵循对涉罪未成年人"教育、感化、挽救"的刑事方针,在办案过程中做了大量的特殊工作。其中包括:(1)非羁押措施风险评估。为减少逮捕羁押措施,在审查逮捕未成年人时,综合犯罪嫌疑人的犯罪行为的严重性、个人的居住、学习、受教育、监护、帮教可行性等情况,对未成年人犯罪嫌疑人采用非羁押措施的风险进行评估,再根据评估值的高低作出有无逮捕必要的决定,使有无逮捕必要量化。(2)法定代理人到场制度。讯问涉罪未成年人通知其法定代理人到场,通过亲人面对面的教育,真正保护未成年人合法权利,一方面能使检察人员对涉罪未成年人教育、挽救工作的成效最大化,另一方面也能促使他们真心悔罪。(3)合适成年人到场制度。在犯罪嫌疑人法定代理人缺位的时候,聘请一位志愿者来担当"临时家长",消除未成年人被讯问时的恐惧感,帮助理解讯问的含义,并监督审讯的合法性。(4)社会调查与心理测试。做好涉罪未成年人社会调查与心理测试工作,找出他们失足犯罪的本质原因,为开展教育、挽救工作打下基础。(5)刑事和解。办案时注重社会效果与法律效果的统一,维护被害人权益,在自愿的基础上,主持、协调犯罪嫌疑人与被害人之间刑事和解工作。(6)分案起诉。向法院提起公诉时,把涉罪未成年人和涉罪成年人共同犯罪的案件分开起诉,将未成年犯罪嫌疑人单独诉至普陀区法院少年庭,以最大限度地保护未成年合法权益。(7)法律援助。为家境困难的涉罪未成年人申请法律援助,为其免费指定辩护律师提供帮助等。(8)不捕帮教、诉前考察。对违法犯罪情节较轻的未成年人实行不捕帮教、诉前考察,根据考察表现,对在考察期间认罪态度较好,悔罪态度明显的未成年人依法作出相对不起诉等决定。

二、突出问题

近些年来,由于青浦区涉罪未成年人组成结构及特点发生了重大变化,现有取保帮教体系僵化、各办案部门在处理涉罪未成年人理念上存在偏差等因素,导致出现了涉罪未成年人"构罪即捕"的尴尬局面。目前这种涉罪未成年人羁押率居高不下,且采取羁押措施后问题诸多的局面不利于办案部门对涉罪未成年人开展特殊工作,也使得部分针对未成年人教育、感化、挽救的刑事原则流于形式,给青浦区未成年人特殊工作带来新的困难。

（一）外来未成年人成为未成年人犯罪的主要组成部分

根据青浦区人民检察院数据统计,青浦区未成年人犯罪中涉罪外来未成年人的比例逐渐增长至96%,可以预计未来青浦区涉罪未成年人中外来未成年人所占比例将维持在90%以上高位,外来未成年人已成为青浦区未成年人犯罪的主要组成部分。外地未成年人由于户籍不在本地,流动性较大,有的甚至本地无固定居所,这些因素造成对外地未成年人取保候审后难以帮教,脱逃风险极大,导致司法机关在办理外来未成年人取保候审时产生畏难心理,最终形成对涉罪外地未成年人"构罪皆捕"的司法现状。

（二）涉罪未成年人取保候审率低,存在诸多弊端

青浦区办案部门贯彻"可捕可不捕的不捕""可诉可不诉的坚持少诉,尽量不诉"的方针,尽量让每一个有取保候审条件的未成年人不被羁押,但从近年数据统计分析来看,情况不容乐观。青浦区人民检察院2007年全年共受理涉罪未成年人案件89件182人,取保候审8件20人,取保候审的案件占全部审查起诉案件的11%,2008年全年共受理涉罪未成年人案件76件138人,取保候审8件14人,取保候审的案件占全部审查起诉案件的10%。而闵行区涉罪未成年人取保候审率2004年为16.7%,2005年（建立观护体系后）涉罪未成年人取保候审率已上升至32.1%。闵行区涉罪未成年人取保候审率是青浦区的3倍左右,其成绩值得我们学习的同时,个中原因更值得我们去思索。

另外,青浦区2004至2008年涉罪本地未成年人平均取保候审率为63%,该项数据成绩与其他区相比不分伯仲。青浦区2004至2008年涉罪外来未成年人取保候审率平均适应率为6.5%,其中2007年涉罪未成年人取保候审率为5.4%。闵行区涉罪外来未成年人取保候审适用率 2007 年已达到 20.5％,是青浦区该数据的 3 倍多。涉罪外来未成年人占青浦区未成年人犯罪的绝大多数,所以外来未成年人取保候审率低是导致青浦涉罪未成年人取保候审率总体偏低的主要原因。

现有的取保候审帮教体系建立时没有考虑外地涉罪未成年人,无法妥善解决外来涉罪未成年人帮教问题,且程序极其繁琐,难以协调、厘清与其他部门的关系,往往对涉罪未成年人取保候审的帮教工作尚未开展,在如何组织、协调上承办人的办案时间、精力已耗去大半。另外,对涉罪未成年人帮教后,社工单位没有具体有效报告反馈,检察院、法院无法掌握未成年人认罪、悔罪的帮教情况。

出于对维护社会稳定、绩效考核等因素的权衡,办案部门在对涉罪未成年人开展教育、感化、挽救工作的执法理念互相之间偏差较大。有些办案部门主动减少对涉罪未成年人采取羁押措施的能动性不强,易将一些"可捕可不捕"涉罪未成年人提请批准逮捕。例如,闵行区直诉的案件较多,公安机关在逮捕阶段能动性较强,一般都预先分类,将涉罪未成年人中符合条件的直接取保候审,并不是将"构罪"未成年人皆提请检察院批准逮捕,公安机关也能做到与社工帮教之间的互动,后再移送检察机关诉讼,从而使公安机关侦查阶段帮教与检察机关起诉阶段帮教无缝连接起来。

(三) 羁押后存在问题多且被判短期自由刑比例较高

被羁押的涉罪未成年人批准逮捕质量普遍不高。以 2008 年数据为例,该年份青浦区共逮捕涉罪未成年人 77 人,捕后判处三年以下(不含三年)有期徒刑的未成年人 41 人,占批捕未成年人总数的 53％,判处缓刑 4 人,占批捕未成年人总人数的 5.2％,判处管制、拘役、单处罚金 24 人,占批捕未成年人总人数的 31％。

以上数据相加,2008 年涉罪未成年人捕后被判短期自由刑(按照通说为三年以下的)约占总人数的 89.2%。

由于涉罪外地未成年人数量增多,现有条件下无法满足取保候审条件,导致一些无逮捕必要的未成年人只得被批准逮捕,最终被判处短期自由刑,这是目前未成年人短期自由刑比例居高不下的原因之一。对于这些被判短期自由刑的涉罪未成年人,有必要在不影响诉讼的前提下尽可能地对其采取非羁押措施,以符合法律要求,真正维护青少年的合法权益。

综上所述,为了拓展青浦区治安综合治理工作体系,完善未成年人保护机制,切实加强对青浦区涉罪未成年人的教育、挽救力度,特别是积极探索做好对外来涉罪未成年人的教育、挽救工作,促进青浦区及在青浦区的外来未成年人健康、平等、自由发展的工作,需要我们积极探索与传统方法相比较更为有效的工作机制。

三、观护体系的建立

当前要尽可能地在保证诉讼正常进行的前提下减少对涉罪未成年人的羁押,有效保护未成年人的合法权益,从源头上预防和减少未成年人违法犯罪,已不能单纯依赖办案部门,而需要通过全社会的力量全面加强对未成年人权益的保护。提高涉罪未成年人非羁押措施的适用比例,而他们取保候审后帮教问题,特别是外来未成年人取保候审后难以监控问题,需要办案部门主动出击,去联合、借用其他社会部门力量,建立社会"观护体系",坚持对失足未成年人实行"教育、感化、挽救"的方针,通过极具人性化、亲和力的社会工作对其进行帮助、教育,积极形成预防未成年人违法犯罪工作的社会联动机制,从根本上预防未成年人违法犯罪。

(一) 以人为本,建立观护体系

"观护体系"是针对未成年人身心特点,对其开展特殊保护的一项有力措施,为挽救失足未成年人创造了一个良好的环境,充分做到了"以人为本",对于促进失足未成年人的全面、协调发展具有重要意义。

对于涉嫌犯罪的未成年人,通过"观护体系"为他们提供专业人员的帮助,让他们感受到社会对他们的关爱和温暖,既可以有效地避免失足未成年人在监禁场所受到"交叉感染",又可以帮助他们树立自信心,融入正常社会,防止再次犯罪,有效地维护社会的稳定。

(二) 观护体系的概念

未成年人社会观护体系,是指在符合一定条件的前提下,由公安机关、检察机关等职能部门对部分情节轻微的涉罪未成年人,尤其是外地未成年人,采取取保候审等非监禁措施的方式,再由全区相关职能部门和区青少年事务社工站等社团通过组织专门力量、建设专门基地等方式共同对他们进行帮教,帮助他们认识错误,积极悔改,并对其在取保候审阶段的表现进行考察,最终由青浦区公安分局、青浦区检察院根据未成年人本人在取保候审期间的综合表现,依法分别作出相应的处理决定。

观护体系作为一个无缝连接的综合体系,除了公安机关、检察机关外,法院也不可缺少。青浦区涉罪未成年人案件除了未成年人为主犯或翻供等影响案件审理的少量案件直诉青浦法院外,青浦区涉罪未成年人案件绝大部分在普陀法院审理。经公安机关、检察机关观护的涉罪未成年人被判处缓刑后,可由法院联系涉罪未成年人所在社区矫正社工站承担缓期期间的考察、帮教工作,使得观护体系在整个司法运作过程无缝连接起来。

(三)"观护体系"可行性框架设想

"观护体系"是一个由区综治办统一领导,相关职能紧密配合,以违法犯罪未成年人为对象,以违法犯罪外来未成年人为工作重点,以社会工作者为主要力量,以核心成员单位为支撑,以"未成年人观护总站"和"基层观护点"为依托的网络体系。

1. 观护对象

涉嫌犯罪且符合取保候审条件的青浦区"三失"(失学、失业、失管)未成年人;涉嫌犯罪且符合取保候审条件的暂居在青浦区的外地籍未成年人;其他符合观护条件的未成年人。

2. 体系组织部门

(1)组织领导

"观护体系"由区综治办统一进行领导并负责总体协调。

(2)职能部门

青浦区公安分局负责侦查阶段对观护对象资格的审查,指导观护工作并根据观护对象在观护期间的综合表现作出相应的处理决定。

青浦区检察院负责审查阶段观护对象资格的审查、指导观护工作并根据观护对象在观护期间的综合表现作出相应的处理决定。

青浦团区委负责对未成年人社会工作者的观护工作提供指导,并协调镇(街道)团工委给予积极的支持。

青浦区司法局负责对社区矫正社会工作者的观护工作提供指导,并协调镇(街道)司法所给予积极的支持。

青浦区青保办协助有关部门共同做好观护工作。

青浦区青少年事务社工站、区社区矫正社工站负责对观护点及社会工作者的工作进行培训、监督、考核和评估。

3. 机构设置问题

（1）基层镇观护点建设

基层镇未成年人社会观护点是观护体系中必不可少的基础单元。观护体系旨在形成以社工观护点为工作载体，以涉罪未成年人为工作对象，特别是以涉罪外来未成年人为工作重点，由社会工作者作为主要力量、以志愿者等为辅助力量的帮教平台。

（2）观护总站的设置

建议在青浦区设置一个观护总站，设立具体的办公场所，可对采取非羁押措施的涉罪未成年人举行法制学习、思想教育等活动，也可对基层观护点工作人员进行集体培训等。观护总站由区综治办直接领导，由区青少年事务社工站或区社区矫正社工站等工作人员专职或兼职担任。

在外来涉罪未成年人中，还存在着一小部分特殊的人群：他们没有任何亲人以任何方式留在上海，是流窜作案者。对于他们，普通镇观护点提供的观察保护帮教服务难以充分胜任，对此，可以利用观护总站的平台，将这部分特殊的外来涉罪未成年人纳入观护体系。观护总站也可以联系爱心企业，设立志愿爱心基地，为帮教未成年人提供工作实习岗位，解决食宿等问题。

（3）加强社工力量

青少年事务社会工作者是"观护体系"的主要力量，负责在观护期间对观护对象进行观察、帮助、教育，包括：对辖区内涉嫌犯罪的"三失"未成年人开展社会调查；定期记录观护对象思想动态、学习情况、劳动表现、社区内综合表现等；为观护对象提供工作见习、学习辅导等服务。观护期间，社会工作者要根据观护对象实际情况，制定个案服务计划书。社区矫正社会工作者可以提前介入，配合未成年人社会工作者开展观护工作。

青浦区建立未成年人社会观护体系后，阳光社区青少年事务中心青浦工作站将承担大部分未成年人的观察、帮助、教育工作，但是从目前调研情况来看，青浦社工站的编制是以常住人口为基数配置工作人员，闵行区基本做到每个镇配有 2 名社工，而青浦的配置为 1 名，有鉴于此，现有阳光社区青少年事务中心青浦工作站配备力量应适当得到加强。

4."观护体系"运作程序

初步推行阶段，从检察机关审查阶段涉嫌犯罪的未成年人的观护工作先行运作。在先行运作取得经验的基础上，再逐步拓展到公安侦查阶段对涉嫌犯罪的未成年人的观护工作。

检察机关审查阶段"观护体系"的运作应遵循以下程序：

(1) 观护资格的确立

由青浦区检察院对涉嫌犯罪的未成年人进行资格审查，对依据相关规定符合观护条件的犯罪嫌疑人作出同意进行观护的决定。

(2) 文书的转接及衔接

青浦区检察院应在作出同意观护决定之日起 3 日内，将观护对象的基本资料及"帮教记录卡"等有关文书转交至区未成年人观护总站。

观护总站在对相关材料进行审核、接收后，依据社工站、点责任区运作模式，由责任区块长将相关材料在 3 日内交观护对象居住地观护点。观护对象居住地观护点的社会工作者在收到相关材料后，开展帮教工作，也可将相关情况通知观护对象所属区域的人口协管员或社区矫正社会工作者，由两者配合青少年事务社会工作者做好对观护对象的帮助、教育工作。所有材料的转接应做好签收记录。

(3) 对象的日常观护

观护点在收到相关材料之日起 3 天内，确定 1 名社会工作者负责做好观护工作。观护点在收到相关材料之日起 5 天内，由青浦区检察院和观护点共同安排一次与观护对象的见面。观护对象应至少每月一次至观护点接受社会工作者的帮助、教育。观护社会工作者应至少每月一次上门掌握观护对象动态、与观护对象进行谈话、组织观护对象学习、活动等。观护期限一般为 3 至 6 个月，特殊情况由区检察院确定观护期限。观护工作内容应做好记录。

（4）评定考核

观护期截止前 7 至 15 日内，观护点依据观护对象在观护期间的学习、教育、劳动等方面的综合表现作出全面、客观、公正的评定意见。青浦区检察院在综合观护点及其他各项意见的基础上，最终依法作出相应的处理决定。

（5）跟踪帮教

对依法作出相应处理决定的观护对象，由社会工作者将其作为预防犯罪工作体系常规对象开展帮助、教育工作。

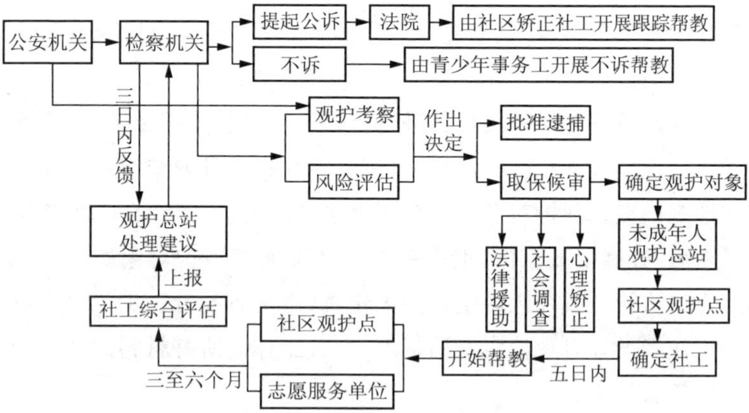

图 4-3　观护工作流程图

第四节　羁押必要性审查制度

《中华人民共和国刑事诉讼法》第九十三条增设的羁押必要性审查制度,是对我国现行逮捕羁押制度的一项重大改革。未成年人刑事检察工作应顺势而为,积极推进"捕诉监防一体化"模式,不断延伸特殊检察职能,大胆探索,建立有别于成年人的羁押审查机制,将未成年犯罪嫌疑人羁押必要性审查工作全程化,切实减少对未成年人不必要的羁押,并通过加强观护帮教工作,确保诉讼顺利进行。上海市青浦区人民检察院以实践为基础,积极建构未成年人特色的羁押必要性审查机制,积累经验,完善机制,①为未成年人保护工作进步作出了相应探索。

一、法理依据

对未成年人而言,在监所中待审远比在社会环境情况要复杂得多,尤其是未成年人心智尚未成熟,遭受歧视、冷漠后,可能动摇他们悔罪改过的决心,使他们放弃原先的选择。如果在这个阶段不注重对他们的矫正、关爱和挽救,前期的教育、感化、挽救工作成效就可能大打折扣。建立未成年人羁押必要性审查机制最主要的目的在于减少涉罪未成年人未决羁押的数量,有利于教育感化,使其尽早回归社会。其法理依据主要有五个方面的来源。第一是无罪推定理论,无罪推定的基本含义是指在刑事诉讼中,

---

① 参见:《上海市青浦区检察院延伸羁押必要性审查工作触角切实降低未成年人羁押率》,载《高检院公诉厅未检工作专刊》第9期。

任何受到刑事追诉的人在未经司法程序最终判决为有罪之前,都应被推定为无罪之人,随着无罪推定思想逐步深入人心,被世人所接受,人们越来越质疑未决羁押的合法性问题。第二来源于正当程序思想,正当程序的概念,概括而言主要是"意味着在广义上剥夺某种个人利益时必须保障他享有被告知和陈述自己意见并得到倾听的权利"。①未决羁押无疑是一种剥夺人身自由的措施,根据正当程序思想,理应经过正当法律程序的审查,而非草率决断。第三来源于权力制约理论,权力能够带来巨大的利益,对权力的追求其实就是对权力背后利益的追求,未决羁押权同样也是一种国家权力,这种权力实施的效果是剥夺公民的人身自由,一旦不受制约,公民的自由将不复存在。为此,必须将权力制约的理论导入未决羁押的制度设计。第四依据司法审查理论,作为一种限制公民人身自由的最重要的手段,未决羁押不仅关系到公民的基本权利,也反映出一个国家的法治水平。现代法治国家普遍建立了未决羁押的司法审查制度,由中立的司法机构对羁押的合法性进行审查。第五来源于人权思想,保障和维护人权是一项得到国际社会普遍承认的基本准则,尤其是未成年人的人权保障更是各国人权保障工作之重点。需要强调的是,未成年人人权保障工作也早已写入国际公约及国内法律。前文已述及,此处不再赘述。为了减少逮捕羁押措施给涉罪未成年人造成的负面影响,不断完善取保候审等各种非羁押措施,是现代少年司法制度发展的趋势。

二、审查原则

建立未成年人羁押必要性审查机制,有效开展工作,应确立

---

① 林钰雄:《刑事诉讼法(上)》,中国人民大学出版社 2005 年版,第 264 页。

必要的审查原则,青浦区人民检察院遵循现代少年司法理念,总结已开展的工作经验的基础上,提出以下审查原则:

(一) 羁押例外原则

在确保诉讼顺利进行的前提下,依法从严把握有羁押必要的条件,尽量减少对未成年人不必要的羁押。当下,虽然有学者提出对涉罪未成年"如果一味追求降低羁押率、逮捕率,可能会导致被害人和人民群众对社会治安状况的担忧"。①但无论是未成年人身心特点、犯罪特征还是国际少年人权保障工作的前进方向,都决定了我们未成年人司法工作未来必须确立"不得已方羁押"原则的科学性及前瞻性。笔者认为,现实社会中未成年人犯罪情况是否严峻,背景及特点如何,应当具体问题具体分析,并一一提出针对性治理方案。

(二) 全程审查原则

羁押必要性审查可以在刑事诉讼的任一阶段启动,即从刑事拘留之日起,至裁判生效之日止。2012年修订的《中华人民共和国刑事诉讼法》第九十三条规定:"犯罪嫌疑人、被告人被逮捕后,人民检察院仍应当对羁押的必要性进行审查。"法律明确赋予检察机关对捕后羁押必要性进行审查监督的职责。未成年人羁押必要性审查制度应当有别于成年人羁押审查制度,以进一步体现对未成年人的特殊保护。因此,我们认为在新刑诉法出台之后,未成年人羁押审查工作应当以落实捕、诉、监、防一体化工作模式为契机,加强与监所检察部门,公安、审判等有关办案机关,公安机关看守所以及社会观护帮教组织的配合衔接,将羁押审查工作向前延伸至刑拘阶段,并向后扩展至审判阶段。

---

① 参见《未成年人羁押不能"双向妖魔化"》,《检察日报》2012年5月26日第1版。

（三）全面审查原则

既要审查羁押必要性，也要审查羁押合法性。在全面审查未成年人羁押必要性实体内容及程序内容是否合法的过程中，应当侧重于审查未成年人诉讼权益保护之事项，例如审查公安机关是否通知法定代理人或合适成年人到场，是否在没有委托辩护律师的情况下及时为其申请法律援助等。

（四）司法审查原则

羁押必要性审查应当以审查时的客观事实为依据，听取相关意见，并进行必要的说理。在司法审查过程中，应当注重查找未成年人犯罪的主要原因，积极听取其法定代理人、辩护人及被害人等各方意见，形成综合性质的羁押必要性研判意见，必要时，可以听证会的形式开展审查工作。

（五）迅速简约原则

羁押必要性审查应当快速高效，简化审查程序，及时作出决定，避免拖延而造成不必要的羁押。应当对审查的时间作出明确的限定，另外对未成年犯罪嫌疑人被羁押的案件，要严格控制补充侦查和延长审查起诉的次数和期限，尽可能快地办结案件。对未被羁押的案件，也应当加快办理速度，避免不必要的拖延。

（六）主动审查和被动审查相结合原则

羁押必要性审查程序既可依申请启动，也可依职权启动。过去办案中，对逮捕必要性的审查一般是被动的、静态的、阶段性的、单向的；而未成年人羁押审查制度的建立，可推动审查过程主动化、动态化、全程化及双向化。

三、程序及路径设计

青浦区人民检察院结合新刑事诉讼法及相关规定，积极构建

未成年人羁押必要性审查机制,进行了一定的探索实践:

(一) 审查的启动

未成年人羁押必要性审查启动方式分主动审查和被动审查两种,主动启动审查就是人民检察院主动、定期对已经审结的批准逮捕案件进行审查,以便作出是否继续羁押的结论;被动启动审查方式主要和随机审查联系,人民检察院可以根据侦查机关的建议或者根据犯罪嫌疑人、被告人、辩护人、诉讼代理人、利害关系人的申请,随时开展对犯罪嫌疑人、被告人的捕后羁押必要性审查。检察机关只有采取主动启动审查和被动启动审查相结合,才能充分保障未成年人犯罪嫌疑人的权益,防止不必要的未决羁押。青浦区人民检察院的实践中,承办人主动启动行为占审查案件的大多数。笔者认为,今后依据新刑事诉讼法各地制定实施细则中,应明确将未成年人羁押必要性审查纳入未检部门法定职责,在办理未成年人刑事案件过程中深入审查羁押必要性的同时,积极听取有关权利人提出变更强制措施申请,及时启动审查。

(二) 审查的诉讼阶段

未成年人羁押必要性审查应当贯穿整个诉讼流程,审查的主体包括公检法三家单位。除审判阶段尚未有实践案例外,青浦区人民检察院对整个诉讼流程开展羁押必要性审查进行了大量实践工作,对公安机关刑拘必要性以监督为主,在审查批捕、审查起诉等阶段以开展主动、动态性审查为主,取得一定成效。

1. 向前延伸,开展报捕前刑拘措施适用监督工作

为减少对未成年人不必要的刑拘和报捕,从源头上解决未成年人羁押率偏高的问题,青浦区人民检察院未检科与监所科建立了未成年人刑拘信息通报机制,确保及时获取未成年人被采取刑事拘留措施的相关信息。未检科收到信息后,结合提前介入、捕前会商等工作,对案件情况、未成年人个人情况、监护帮教条件以

及是否符合刑拘适用条件、是否符合延长刑拘期限的条件等进行全面审查。对于不符合刑拘适用或延长的法定条件的,立即进行纠正;对于具备取保候审条件的,建议予以变更,促使公安机关及时释放未成年人。2012 年,青浦区人民检察院未检科已对 51 名被刑拘的未成年犯罪嫌疑人开展监督,促使公安机关对其中的 13 人转为行政处罚或采取取保候审措施,有效降低了羁押率。

2. 跟踪监督,开展捕后侦查阶段羁押必要性审查

2012 年修订的刑事诉讼法颁布后,青浦区人民检察院未检科根据《中华人民共和国刑事诉讼法》第九十三条关于捕后羁押必要性审查的规定,对捕后侦查阶段的未成年犯罪嫌疑人开展羁押审查工作试点。对于审查逮捕时尚不具备取保候审条件的未成年人,在作出批捕决定后,由承办人继续跟进,联系查找其在沪亲友,并寻求社会帮教支持。待条件具备后,再以检察公函的形式建议公安机关对其变更强制措施。2012 年,青浦区人民检察院未检科已在捕后侦查阶段建议公安机关对 2 名来沪未成年犯罪嫌疑人变更强制措施,并依法要求在 10 日内将处理情况通知检察院,公安机关均予以采纳并及时通知。例如在未成年人朱某某涉嫌复制、贩卖淫秽物品牟利一案中,因其父母均涉嫌该案而被羁押,其监护条件严重不足,无法取保候审,该院对其批准逮捕。之后,承办人继续多方查找,找到其在沪打工的伯父,并说服其提供保证金,落实了取保候审条件,遂建议公安机关对其变更了强制措施。

3. 动态评估,落实审查起诉阶段羁押必要性审查

根据最高人民检察院《人民检察院刑事诉讼规则》的规定,青浦区人民检察院还建立了审查起诉阶段继续羁押必要性审查机制,在受理审查起诉后,从案件情节、认罪悔罪情况、在押期间表现、可能判处的刑罚、监护帮教条件等方面,再次对在押未成年犯

罪嫌疑人的羁押必要性进行评估,并对其中具备取保候审条件的未成年人及时变更强制措施。为了提高羁押必要性审查程序的透明度,尝试采取听证会的形式,邀请看守所管教、公安机关承办人、未成年犯罪嫌疑人的法定代理人和辩护人、被害人及其法定代理人等到场,听取各方对羁押必要性的意见,并结合案件和未成年人的具体情况,作出是否变更强制措施的决定。2012 年,青浦区人民检察院在审查起诉阶段对 6 名在押未成年人变更强制措施,且均为外地来沪人员。

(三) 审查的具体模式

1. 审查的方式

结合青浦区人民检察院的实践工作,未成年人羁押审查工作主要通过以下基本方式进行审查:(1)排除可能妨碍诉讼顺利进行的情形;(2)开展社会调查和心理测试;(3)向侦查机关了解侦查取证的进展情况;(4)测算可能判处的刑罚;(5)了解其在押期间的表现;(6)听取办案人员和监管人员,在押未成年人及其法定代理人、辩护人、被害人及其法定代理人、诉讼代理人以及其他有关人员的意见;(7)调查核实身体健康状况;(8)查阅有关案卷材料;(9)审查、复核各方提供的证明是否具有羁押必要性的相关证明材料;(10)当面听取办案人员和监管人员,在押未成年人及其法定代理人、近亲属或辩护人以及其他有关人员的意见,确有必要的,可以采取不公开听证的方式开展未成年人羁押必要性审查。

2. 审查的重点

"未检"除了做好在审查批捕、审查起诉自身办案流程中羁押必要性审查工作外,当下未成年人羁押必要性审查的重点应放在公安机关刑拘阶段。这项工作除了要求公安机关在提请逮捕时,一并移送未成年人羁押评估材料说明非羁押风险的形式予以监督外,"未检"部门还可以深入监所主动进行监督。例如,青浦区人民检察院在"捕诉监防一体化"模式下,未检科加强与监所检察科和社区检察科的联系沟通,重视与区县司法局、司法所和社区矫正机构建立工作联系,随时掌握监所内及基层公安机关办案单位未成年人刑拘情况,研判涉罪未成年人刑拘决定或刑拘延长等措施是否得当并及时纠正,有效防止对未成年人的误拘、错拘,避免对其身心健康造成严重不良影响的交叉感染问题。

3. 审查中要恰当借助"未检"特色工作方法

"未检"工作要始终以"教育、感化、挽救"方针为主旨,为涉罪未成年人积极创造适用非羁押措施的条件,在羁押必要性审查工作中,充分运用当下社会调查、刑事和解、无利害关系第三人担任取保候审保证人等既有特色机制,尽可能减少未成年人未决羁押数量。例如,青浦区人民检察院抓住《中华人民共和国刑事诉讼法》"刑事和解"专章规定实施之际,积极探索未成年人刑事和解工作,建立侦查、审查逮捕、起诉各阶段的配合制约机制,在对被害人进行人身、财产损害经济赔偿的同时,更加注重对被害人的精神抚慰,一方面加大对未成年犯罪嫌疑人认罪悔罪教育,另一方面强化家长的监护责任意识,促使犯罪嫌疑人及其家长主动向被害方道歉赔偿,达成和解协议。未检科通过适时介入,积极引导、协助公安机关促成双方当事人和解,将刑事和解工作由审查起诉阶段延伸至公安机关侦查阶段和审查逮捕阶段。对和解后社会矛盾缓和的符合条件在押未成年人及时变更强制措施。

(四) 审查结果的处理

1. 严格羁押审查后司法处理程序

对公安机关刑拘阶段羁押必要性审查,经羁押必要性审查后,建议有关办案机关对在押未成年人予以释放或者变更强制措施的,要求在十日以内将处理情况通知检察机关,有关办案机关没有采纳建议的,应当要求说明理由和依据。依职权开展羁押必要性审查并认定在押未成年人无继续羁押必要的,或者依当事人申请开展羁押必要性审查的,承办人应当制作审结报告,由部门负责人审核后报分管检察长批准,必要时可以提请检察委员会决定。未成年人羁押必要性审结报告应当包括案件来源、诉讼阶段、审查过程、未成年人基本情况(含监护条件和身体健康状况)、案件事实和证据情况、羁押表现、有无羁押必要的理由及相关证明材料、审查意见等内容。

2. 建立保障诉讼的配套措施

开展在押未成年人羁押必要性审查工作,应当加强与青浦区检察院监所检察部门,公安、审判等有关办案机关,公安机关看守所以及社会观护帮教组织的配合衔接。涉罪未成年人被变更强制措施后,承办单位应主动联系、配合社工单位,从未成年人个体特性出发,充分考虑个性特征、家庭背景、犯罪原因等因素,制定个性化观护帮教方案,防止其重新违法犯罪或实施妨碍诉讼行为,确保"教育、挽救"效果的最大化。早在 2009 年年底,青浦区已建立由司法机关、政府相关部门和社会保护组织联手参与的"青浦区未成年人社会观护体系",努力做好教育、挽救和预防未成年人犯罪工作。青浦区的观护体系是一个由 1 个区"未成年人社会观护站"和 11 个乡镇"未成年人社会观护点"为依托的系统工程,不仅实现了对辖区内涉罪未成年人的全覆盖,而且实现了对涉罪未成年人进行系统帮教的社会管理创新。2012 年尝试建立以来沪"三无"涉罪未成年人为主要观护对象的开放式、社会化的青浦区青少年实践中心观护基地,该基地能提供住宿、军训、技能教育等综合性帮教内容。青浦区人民检察院对于建议或决定变更强制措施的未成年犯罪嫌疑人,均依托区涉罪未成年人社会观护体系,组建帮教小组,落实帮教措施,防止其重新违法犯罪或实施妨碍诉讼行为。办案人员加强与帮教小组的联系沟通,及时掌握未成年犯罪嫌疑人的日常表现和动态信息,通过法制教育提升其在案意识,并督促其遵守取保候审规定、参加公益劳动或集体活动、接受心理咨询师的辅导,在加强对其管控的同时也实现了社会化的矫治。2012年,通过落实观护帮教,建议或决定将逮捕措施变更为取保候审措施的 8 名未成年人,无一再犯或脱保,确保了诉讼顺利进行。

第五节　年龄认定问题

来沪涉罪未成年人年龄的认定,是当前未成年人刑事司法实践中常见的一个难题。为逃避处罚目的而辩解户籍资料有误及户籍管理不规范,是外来涉罪未成年人要求重新认定其年龄的重要原因。笔者通过受理一起抢劫案,积极应对三名案犯主体身份均发生变化的情况,小心求证、严格甄别,成功地办理了该案。对案中出现的伪造证据、试图以未成年人身份逃避法律严惩的行为,积极配合公安机关从严打击,并开展新闻媒体宣传,从而净化了未成年人刑事案件办案环境,取得了良好的社会与法律效果。

一、基本问题

2008 年 11 月 30 日,被告人季某甲(20 岁,冒充未成年人季某乙,两人系兄弟关系)、胡某某(17 岁,户籍登记为成年人)、贺某某(19 岁,一审判决后以实际年龄报大三岁为由上诉)等采用暴力威胁方式劫走被害人店内财物,并造成被害人右小腿软组织挫伤。

后上述犯罪嫌疑人在驾车逃跑中被公安机关抓获。

2009年4月3日,青浦区人民检察院以涉嫌抢劫罪将被告人季某甲、胡某某等人分案起诉至法院。随后,青浦区人民法院、普陀区人民法院分别以抢劫罪对季某甲、贺某某、胡某某判刑。2009年4月23日被告人贺某某以"出生年龄有异议"为理由提出上诉,被告人贺某某父亲贺某提供了其户籍所在地镇卫生院的出生证明、村委会出生证明及计划生育罚款证明等书面材料证实贺某某作案时未满18周岁。2009年8月12日上海市第二中级人民法院以"上诉人贺某某虽在原审过程中未对户籍资料反映其出生日期提出异议,但现有资料表明该户籍资料反映贺的出生日期可能有误,且影响到原审审判程序的合法性,原判认定该事实不清"为由,将本案发回青浦区人民法院重新审理。2009年11月11日青浦区人民法院重新审理后,以抢劫罪成立且贺某某出生日期无误,再次判处其有期徒刑二年六个月。

2009年11月16日,青浦区人民检察院以贺某某父亲贺某伪造证据,严重干扰正常司法程序,涉嫌伪证罪为由向公安机关移送犯罪线索。同年12月30日,青浦区人民检察院以涉嫌伪证罪将贺某批准逮捕。

二、证据认定的做法

青浦区人民检察院未检科对本案未成年人身份年龄证据认定中,圆满解决了三种不同情况的身份年龄认定的典型问题:(1)被告人胡某某未成年人身份的认定;(2)被告人季某某冒充未成年人季某乙(系其胞弟)身份的查实;(3)一审后被告人贺某某企图冒充未成年人身份的查证。

（一）细心求证，对登记年龄与自报年龄矛盾之解决

本案提请逮捕阶段，公安机关提供的证据中案犯胡某某户籍登记出生日为 1990 年 10 月 6 日，作案时已满 18 周岁，胡某某并无异议。审查逮捕提审时，胡某某改称自己出生于 1991 年 5 月 27 日，原户籍登记系误报。未检科及时向公安机关反馈后，公安机关补充胡的母亲的证词，证实胡某某为打工而报大了一岁，与被羁押的胡某某说法一致。

该案移送审查起诉时，公安机关的起诉意见书采纳胡某某自报的出生日期，但仅有胡某某供述及其母亲的证词予以证实，证据的证明力明显不够，推定下得过于草率。审查起诉阶段，未检科补充了胡的父母及原暂住地村委会相关人员证言，同时要求公安机关补充胡某某骨龄鉴定作为佐证。补充后的相关证人证言及骨龄鉴定均证实胡某某出生日期系误报的说法。最终，认定胡某某作案时系未成年人，将其分案向法院提请公诉。法院予以认可并从轻判处。

（二）仔细甄别，对冒充未成年人身份之查实

审查起诉阶段，未检科对另一名未成年人"季某乙"暂住的青浦区华新镇某村进行社会调查时，村委会反映，一名自称"季某甲"的人前来为"季某乙"求情，但其身份证照片与本人不符，有冒名顶替嫌疑。得知这一线索后，未检科立即反馈公安机关，同时多次提审在押的"季某乙"。政策教育后，"季某乙"承认自己真实姓名为季某甲，为了逃避法律的严惩，冒用了其胞弟季某乙的身份。

之后，未检科配合公安机关找到季某乙，耐心解释法律，告知窝藏包庇行为的严重后果，使季某乙吐露哥哥季某甲冒用自己未成年人身份的实情。未检科承办人员通过仔细甄别，避免了一起错误认定案犯未成年人主体身份案件的发生。

（三）从严打击，对伪造身份证据行为之处理

案犯贺某某被青浦区人民法院以抢劫罪（从犯）判处有期徒刑二年六个月，其父贺某认为法院判决结果偏重，伪造年龄证据试图帮助儿子逃避严惩。2009 年 4 月 15 日一审后不久，贺某提交了盖有儿子贺某某户籍所在地镇卫生院及村委会公章的出生证明若干份，以贺某某户籍登记上的年龄比实际年龄报大了 3 岁、作案时系不满 18 周岁的未成年人为由提出上诉。

皖北农村户籍管理制度较混乱，使贺某顺利获取了盖有贺某某户籍所在地镇卫生院及村委会公章的出生书面证明，并将上述证据向上级人民法院递交。8 月 12 日，上海市第二中级人民法院以原判认定被告人主体事实不清裁定发回青浦区人民法院重审。

案件发回重审后，未检科为了查清贺某某年龄的真相，多次奔赴皖北某县开展了调查取证，搜集关键证据，与当地公安机关、卫生院、教育局、村委会、就读过的学校等单位反复核实，最终认定贺某某户籍登记的年龄无误，而为贺某出具证明的相关责任人承认工作上存在失误。同年 11 月 11 日，青浦区人民法院以成年人身份重新判处贺某某有期徒刑二年六个月。

2009 年 11 月 16 日，青浦区人民检察院以贺某涉嫌伪证罪向公安机关移送犯罪线索。11 月 25 日公安机关以涉嫌伪证罪将贺某刑事拘留。到案后，贺某对自己伪造证据的行为供认不讳。12 月 30 日，青浦区人民检察院以涉嫌伪证罪将贺某批准逮捕。

三、法律问题与经验总结

（一）年龄认定中"就低不就高"难题

户籍登记年龄与未成年人所称年龄存在矛盾，通常解决的办

法是"就低不就高"。2006 年最高人民法院颁行的《关于审理未成年人刑事案件具体应用法律若干问题的解释》（法释［2006］1 号）第四条第一款："对于没有充分证据证明被告人实施被指控的犯罪时已经达到法定刑事责任年龄且确实无法查明的,应当推定其没有达到相应法定刑事责任年龄。"也就是犯罪嫌疑人确实年龄无法查明的,应当采取"就低不就高"的原则认定其年龄。而由于外籍人员所在地户籍管理的不规范加大了"确实无法查明"可能性。本案中,案犯父亲提供户籍地村委会及卫生部门出生文件等虚假证明材料使得案犯年龄认定更加复杂化。

虽然同年颁行的《关于正确理解最高人民法院法释［2006］1号司法解释的若干意见》（沪检发［2006］168 号）将上文中年龄"确实无法查明"情况作了严格规定:即在采取了所有手段和措施的情况下,仍然无法查明被告人年龄的,才可以适用上述"就低不就高"原则性规定。但何为采取了"所有的手段和措施"? 最大的问题是,调查未成年人身份、年龄证据的手段与措施都是无法穷尽的。对身份存疑的案件,采取如去案犯户籍地重新调取大量证据的方式,司法成本极其昂贵。但也不能无原则放宽,人为制造"宽松环境",严重伤害司法的公平、公正。因此,检察机关首要的任务就是在从严把握证据的前提下,引导公安机关,将这种"所有的手段和措施"限制在合理、适度的范围内。

（二）办案经验

要鉴别证据真伪,认定未成年人主体身份,在本案办理中,对既存问题总结出如下应对经验:

一是及时介入侦查,夯实证据基础。未成年犯罪嫌疑人对自己年龄有异议的案件,应当及时与公安机关沟通,及时补强证据,夯实证据基础,形成完整的证据锁链。不应等律师介入后才调取相关证人证言,这时证据即使能形成锁链,可信度也大打折扣。

骨龄鉴定应及时,未检科发现不少作案时未满 18 周岁、羁押后已满 18 周岁的案件,这种情况为年龄异议作出的骨龄鉴定报告已无意义。二是积极利用既有条件,形成证据锁链。对本案未成年人年龄的认定,应充分利用既有有限条件,遵循细心求证、严格甄别原则,主动将证据形成锁链,可以大大减少办理难度。实践中,如案犯供述、证人证言及骨龄鉴定报告等均可低成本获得,如案犯自报年龄与相关证人证言能相互印证一致,骨龄鉴定也能佐证,可坚持"就低不就高"原则,认定其自报年龄。三是细致审查,防止身份冒用。对外地籍成年人主体身份应仔细甄别,特别是同案犯有未成年人的案件,来沪时间较久的未成年人,应加强对其暂住处的社会调查工作,认真对付可疑线索,不给冒充者以逃脱法律严惩的机会。

（三）从严打击伪造证据行为,注重社会宣传

从本案可以看出,未成年人主体认定上的放宽也为办案制造了不少难度。甚至出现了个别律师也涉嫌参与造假的迹象。对那些铤而走险提供虚假证明材料、企图歪曲真相严重干扰调查取证工作的造假者,给予了严厉打击,净化了未成年人刑事案件办案大环境。同时,利用《新闻晚报》等各种社会媒体,将本案中伪造证据行为的社会危害性、刑事违法性积极宣传,既让社会大众了解了少年司法所遵循的方针、政策,也普及了社会大众的刑事法律知识,取得了良好的法律与社会效果。

第五章　理念探索与争鸣

第一节　类案监督

我国《宪法》明确规定,检察机关是国家的法律监督机关。这表明,检察机关所行使的检察权在国家权利体系中被定位为法律监督权,检察权在本质上具有法律监督的性质。在我国,检察权和法律监督是一体的,检察机关对国家、社会管理实施全方位监督是行使检察权的重要内容。检察机关在办案中所开展的类案监督工作,是对法律监督机制的一种创新形式,前者是对后者的发展创新,后者对前者是一种包含关系。

一、检察权本质是法律监督权

(一) 检察权是法律赋予检察机关的权力总称

"在汉语中,检察中的'检'是'考查、察验'和'约束、制止'的意思,'察'是'细看、详审'和'考察、调查'的意思。"①作为现代司

---

① 龙宗智:《检察制度教程》,法律出版社 2002 年版,第 1 页。

法活动的"检察"，是检察机关代表国家与社会公益所进行的一种以公诉为主要职能，以监督为属性、以维护国家法制为目的的国家活动。"检察权，是指为了实现检察职能，国家法律赋予检察机关的各项职权的总称。"①检察权是国家权力的重要组成部分，是由国家强制力保障行使的一项权力，具有国家权力的一般属性。"检察权具有法律监督权所特有的属性，它既不同于行政权又不同于审判权，而是国家权力分类中一种独立权力。"②从检察机关产生、发展的历史过程来看，检察机关是国家政权架构与社会治理格局中存在的一条救济权利、保障安全、稳定秩序的制度通道，人们的法律要求可以进入这条通道获得救济，各种冲突也可以融入其中得到某种程度的解决。人民检察院代表国家利益和公共利益行使检察权，这也是检察机关执法活动必须遵循的原则。检察机关作为国家法律监督机关，其根本职责在于通过强化法律监督，维护国家法律的统一正确实施，保障在全社会实现公平和正义，从而使社会在稳定有序的状态中获得不断发展。检察权作为国家权力体系中的一种权力，与国家行政权、审判权相比，具有专门性、程序性、多层次性等特点。从历史的角度来看，随着社会的发展变化，检察权也是不断发展变化的，并会得到进一步的完善。

（二）检察权实质就是法律监督权

检察机关所拥有的法律权问题是检察制度的基础问题，也是核心问题，其准确范围定位涉及检察机关本身的定位以及职能分配的问题，也是影响我国的检察采用何种方式参与社会监督、社会管理的根本性问题。我们认为，检察权与法律监督权是一元化的，不仅表现为各项具体检察权都具有法律监督的性质，也表现

---

① 朱孝清，张智辉主编：《检察学》，中国检察出版社 2010 年版，第 319 页。

② 孙谦：《中国的检察改革》，《法学研究》2003 年第 6 期，第 35 页。

为我国的法律监督必须通过检察机关的各项具体检察权来实现。目前,对检察权的实质是什么存在几种观点。第一种观点认为,检察权实质是一种司法权。该观点认为,首先,根据我国《宪法》规定,检察机关在国家机构体系中与法院、行政机关平行设立,具有独立的地位和职权。其次,检察机关的专门法律监督职能有明显的护法性质,检察官和法官怀有同样的目标,即实现法律和维护公共利益。再次,检察机关的公诉权也是具有司法性质的权力,特别是不起诉决定,与法院的免刑和无罪判决具有相似的效力,其裁断性、终局性都体现了司法的特征。最后,检察官与法官享有同等或相近的职业保障。第二种观点认为,检察权实质是一种行政权。此观点认为,首先,检察权是主动性权力,检察权中的侦查、公诉权都是检察官需积极行使的,否则就构成失职,与司法权的被动性不同。其次,检察机关具有垂直领导的体系,上下级检察院之间的关系和行政机关上下级之间的领导关系相同,表现出行政领导关系性质。上级检察机关可以命令、指令下级检察机关,下级检察机关必须服从。第三种观点认为,检察权具有司法和行政双重属性或具有行政、司法、法律监督等多重属性。该观点认为,检察权既有独立判断和裁决以及护法的功能,又有侦查、起诉中的上命下从关系;检察官既有与法官相似的职务与身份保障,又有庭审中服从法官的被动地位。几种权力混同于检察权,无法区分主次,不宜简单地认定检察权就是行政权、司法权或法律监督权。第四种观点认为,检察权的实质就是法律监督权。此观点认为,我国的检察权是一种独立行使的权力即法律监督权,不属于行政权也不属于司法权。其依据是我国《宪法》和有关法律都明确规定检察机关是法律监督机关,检察机关的其他职权包括职务犯罪侦查权和公诉权等不过是法律监督权的具体体现。检察机关除了职务犯罪侦查权及公诉权外,还应对社会各方面执行国家法律的情况进行监督,一旦发现问题,应该以国家和社会公益的角色进行纠正。我们同意第四种观点,该观点也是当前学术界和检察实务界的主流观点。

二、法律监督权是全方位的

我国检察机关法律监督权具有广泛性,内容包括除对公安机关侦查活动、法院审判活动进行法律监督外,还包括对行政机关执法活动、社会管理活动进行法律监督,着力维护国家法律的统一正确实施。

(一) 检察机关监督权的全面性源自宪法、法律规定

法律监督,是宪法赋予检察机关的一项职能,它既是我国检察机关立足的生命点,又是检察机关进行司法改革的出发点和落脚点。检察机关的法律监督定义,有广狭义之分:广义上指检察机关对国家机关和社会管理两方面执行法律情况的监督,狭义上是指检察机关依法对司法机关执行法律情况所进行的专门监督。《宪法》和法律将检察机关定性为中国的法律监督机关。我国《宪法》第一百二十九条明确规定"中华人民共和国人民检察院是国家的法律监督机关",该规定,使检察机关的性质获得了明确的宪法基础,也使检察机关在我们国家政权体系中占有十分重要的宪法地位。《中华人民共和国人民检察院组织法》第四条规定:"人民检察院通过行使检察权……维护社会秩序、生产秩序、工作秩序、教学科研秩序和人民群众生活秩序……"这些规定表明我国检察机关具有维护社会和谐稳定的职能,检察机关作为法律监督机关维护社会秩序的方式是多方位的,不仅有责任追诉犯罪,而且有责任针对社会治安情况,参与社会综合治理,参与法制宣传、

预防犯罪等活动,达到维护秩序的目的。因此,我国《宪法》和法律赋予检察机关的监督职能本身是一种广义上的监督,包括社会生活的方方面面,而不能仅仅局限于对国家机关、司法机关执行法律的监督。

(二)检察机关监督权的全面性是历史的必然

从西方国家检察权的发展轨迹看,检察权最初起源于保护王权利益的需要,封建时代的检察官作为国王的代理人,其角色定位逐渐由民事领域向刑事领域转变,检察官在代表国王对犯罪提起诉讼的同时,还负有监督国王法律的统一实施、监督地方行政权的使命。检察机关代表国王出席损害国王利益案件的诉讼。随着王权的没落和民主制度的确立,检察机关逐渐演化为国家与公共利益的代表,检察权的属性也随之发生了改变。现代检察制度起源于法国和英国,检察官最初的出现是为了解释国王制定的法律,并监督该法律在全国各地的统一实施。大陆法系的检察官还有监督制约审判权、防止审判权被滥用的职能。两大法系的检察制度在发展的过程中又相互借鉴和吸收,形成了现代的检察制度。随着检察制度在法国、德国、苏联等国家的发展,检察权也慢慢扩展至对社会行政管理各方面执行法律情况的监督,而我国检察制度的设置更多地借鉴了苏联的经验。"在社会主义国家,检察权的属性得到了充分的扩张,检察监督职能是全面的,监督对象非常广泛,既包括国家机关及其工作人员,也包括公民和企业,监督内容既包括对行政行为合法性的监督,也包括合理性的监督,监督方式以主动监督为主,公民投诉为辅,纠正形式主要有建议书、提请书、抗议书等。"[①]检察机关监督权是国家政权架构与社

---

① 李勇:《检察监督权的变迁与重构》,《华东政法大学学报》2005 年第 9 期,第 24 页。

会治理格局中存在的一条救济权利、保障安全、稳定秩序的制度通道，人们的法律要求可以进入这条通道获得救济，各种冲突也可以融入其中得到某种程度的解决。检察机关代表国家利益和公共利益行使检察权，对社会各方面执行法律情况进行监督。

（三）检察机关监督权的全面性是现实的需要

中国的检察制度是根据中国的实际情况建立的具有中国特色的检察制度。在我国的国家权力体系中，行政权、审判权和检察权位于立法权之下，检察权是同行政权和审判权并列平行并且相互独立的权力。我国的检察机关的检察权在国家权力体系中居于重要位置并具有较高独立性。我们国家现行的检察制度既不同于国外的检察制度，也不同于我国旧的检察制度，而是独具特色的社会主义检察制度。"1982年《宪法》确认了检察机关的宪法地位和法律监督权力。检察机关是惟一的制度层面的监督机关。坚持服务中心、服务大局，维护人民群众的根本利益是这一检察制度的基本内涵之一。"①作为一个拥有十几亿人口的发展中大国，面对人类历史上规模空前的深刻变革和快速发展，能够保持社会大局和谐稳定，充分证明我国检察制度与我国国情和社会主义制度总体上是适应的。在社会主义制度下，法律监督权的权力主体具有一元性，检察权根据《宪法》规定专司法律监督。

随着我国民主法治的逐步完善，加强行政权的监督和保护公民的民主权利越来越有必要，维护宪法和法律的统一施行，防范和纠正权力的滥用和误用成为人民检察院的首要任务。同时还有一些行使行政职能的社会团体、事业单位和国有企业，这些都

① 参见张智辉：《检察权研究》，中国检察出版社2007年9月第1版，第13页。

应纳入检察机关监督权行使的对象范围。检察机关全方位参与国家、社会各方位监督也是中国特色社会主义管理体制的重要内容,是检察机关在履行法律监督职责中,实现维护人民群众根本利益这一内涵的必然要求。

三、类案监督与检察监督权的关系

(一)类案监督是检察机关法律监督机制的一种创新

检察机关是国家法律执行情况的全方位监督机关,如何创新法律监督的方法、方式,更好履行法律监督职责,把检察事业不断向前推进,是摆在检察机关面前的一个首要问题和任务。检察机关的法律监督,应当是一种"参与式"监督,而非"外在式""事后型"监督,因为,唯有"参与式"监督,方能确保检察监督的实效性。所谓参与式监督,就是检察机关一旦在办案中发现问题,就及时发现、总结并纠正。类案监督就是一种参与式监督,也是检察机关创新法律监督机制的一项具有积极意义的尝试。

类案监督,又称一类问题监督①,是指检察机关在执法办案中,对司法机关、行政执法机关或政府管理部门在执行法律、政策或履行职责过程中可能存在的影响社会和谐稳定、影响公正执法或容易滋生犯罪的普遍性、倾向性的问题所进行的监督。②监督范围的多样性,决定了检察机关法律监督面对严峻复杂的环境和前所未有的挑战,必须充分发挥各项检察职能,创新监督方式,维护司法公正,促进社会和谐。因此,检察机关及时在办案中发现国

---

① 见 2009 年 12 月 3 日上海市院民检处召开的"民事审判一类问题研究和检察监督研讨会"综述。

② 见《青浦区人民检察院关于加强对一类问题监督的实施办法(试行)》。

家机关、社会管理中存在的一类问题,通过类案监督的方式发挥检察机关法律监督的作用,有利于化解社会矛盾、维护社会稳定、促进社会和谐,作出更大贡献。另一方面,加强对一类问题的监督,剖析一类问题背后深层次原因,提出针对性的监督意见,有利于检察机关自身参与社会管理创新,公正廉洁执法,提高法律监督水平,扩大法律监督效果,提升法律监督层次。

(二) 类案监督是检察机关参与社会管理创新的有效方式

检察机关作为国家法律监督机关,其根本职责在于通过强化法律监督,维护国家法律的统一正确实施,保障在全社会实现公平和正义,从而使社会在稳定有序的状态中获得不断发展,而这本身就是社会管理过程。因此,通过类案监督的方式,积极参与社会管理,维持和谐稳定的社会环境,全面提升社会功能,就成为检察机关的一项重要职责。社会管理创新已经成为新时期的重点工作,从服务大局的角度出发,检察机关需要参与社会管理创新。积极发挥一类问题监督在社会管理创新工作中的作用,是检察机关落实"三项重点"工作的有力抓手,是贯彻上海市人大常委会作出的《关于加强人民检察院法律监督工作的决议》的重要体现,是提升法律监督层次、拓展法律监督途径、放大法律监督效果的重要形式。

检察机关不仅要通过执法办案发现司法机关、行政执法机关和政府管理部门中存在影响社会和谐稳定、影响公正执法或者容易滋生犯罪的普遍性、倾向性问题,开展类案监督,还要广开渠道,听取社会公众对社会管理的意见和建议。从维护人民群众根本利益的角度出发,检察机关也有责任参与社会管理创新,结合自身的工作内容,探索社区矫正工作、监管场所管理、特殊人群管理、治安综合治理等方面的管理规律,更好地保障人权、打击犯罪,维护人民群众的利益。

第二节 法律渊源考据

法学等人文学科的发展必须以发展着的马克思主义思想为指导。

一、对法律的定义

法律观往往体现在法哲学之中,而法哲学是马克思早期思想发展的逻辑主线,更是马克思主义哲学的一个重要组成部分,它和马克思主义其他部分一起构成了完整的马克思主义。马克思主义法律理论是不可分割地和国家理论联系在一起的。[①]其中,列宁对马克思主义理论中国家理论的完善与发展起到至关重要的作用。列宁说,在共产主义社会的第一阶段,即在无产阶级专政的时期,仍然有法律,而这法律在一定的限度内,还是"资产阶级"的法律。

在马克思主义的法律理论中,经济基础决定上层建筑,因此,国家及法律是为了维持一个阶级对另外一个阶级剥削的强制机构,是剥削阶级通过国家及法律成为政治上的统治阶级的工具。[②]国家和法律是经济现实的意识形态。

二、关于专政与法律的关系

马克思、恩格斯没有提出过无产阶级专政概念。他们在 1848

---

① 参见凯尔森:《共产主义的法律理论》,中国法制出版社 2004 年版,第 2 页。
② 参见《马克思恩格斯全集》第 2 卷,人民出版社 1985 年版,第 316 页。

年出版的《共产党宣言》中,提出工人革命的第一步就是无产阶级变为统治阶级,争得民主,无产阶级运用自己的政治统治,一步一步地夺取资产阶级全部资本,把一切生产工具集中在国家手中,即集中在已组织成为统治阶级的无产阶级手里,并极可能快地增加生产力总量。在这里,有学者指出隐含着无产阶级专政的概念。①

列宁的《国家与革命》一书写于 1917 年十月革命之前不久。在书中,列宁十分喜欢援引马克思恩格斯有关国家与无产阶级专政的教导。列宁认为,单是相信阶级斗争,还不能成为马克思主义者。发明阶级与阶级斗争的并非马克思,而是资产阶级。列宁认为,是不是马克思主义者,试金石是是否相信阶级斗争必将带来无产阶级专政。②列宁认为,旧秩序的残余,即沙皇与资产阶级,不会轻易放弃,只有无产阶级专政的国家才能消除旧秩序的影响,其间可能有一段较长的革命斗争时期。③那么,在这个专政时期,法律究竟占据怎么样一个地位呢?

列宁曾经把法律同专政联系起来,给专政下过这样的定义有:不受限制,不顾法律,依靠强力的政权,这就是专政。④专政的科学概念无非是不受任何限制的,绝对不受任何法律或规章约束而直接依靠暴力的政权。⑤专政是直接凭借暴力而不受任何法律约束的政权。无产阶级的革命专政是由无产阶级对资产阶级采用暴力手段来获得和维持的政权,是不受任何法律约束的政权。⑥

---

① 参见吕世伦主编:《列宁法律思想史》,法律出版社 2000 年版,第 530 页。
② 参见约翰·麦克里兰:《西方政治思想史》(彭淮栋译),中信出版社 2013 年版,第 618 页。
③ 同前注,第 619 页。
④ 参见《列宁全集》第 12 卷,人民出版社 1987 年版,第 286 页。
⑤ 同前注,第 289 页。
⑥ 参见《列宁全集》第 35 卷,人民出版社 1985 年版,第 237 页。

这些定义在列宁整个法律思想中很著名,对后来的社会主义实践带来了深远的影响,这些影响也带来如下困惑:一是无产阶级专政的国家与法治国家的关系是什么? 二是列宁所指的"任何法律"是什么意思?①后来,虽然列宁在实践中逐步修正了自己上述观点,但是此后社会主义的实践之中,不管是苏联,还是改革开放前的新中国,都恰恰忽视了这点,因而出现片面理解、教条地运用列宁关于专政与法律理论现象,造成了严重后果。今天,我们实行依法治国,建设社会主义法治国家,更应该强调法律的尊严。

三、对宪法权利的认识

马克思主义认为,宪法是法律的法律,是确保人民的基本权利,是革命法制的一个根本问题,也是衡量一个国家有无民主及民主程度如何的重要标志。宪法是法律的准绳,或者说,宪法是法律的法律。这个命题说明,一方面,宪法同其他法律相比具有最高的法律效力,另一方面,宪法在整个法律体系中乃是居于母法地位。宪法的主要作用是维护已经存在的客观事实。②列宁在早期,也在保证人民权利方面,曾经主张"人民处于暗无天日的状况下,学院自由完全是毫无意义的幻想",还主张"农民应该要求他们自由地处理自己的事情","任何人都有充分自由信仰宗教,或者不承认任何宗教"。③

1905 年 10 月 17 日,俄国沙皇发布了关于政治自由和召开议会立宪的诏书。列宁为此写了一系列文章,告诫人们不要被沙皇

---

① 付子堂:《马克思主义法律思想研究》,高等教育出版社 2005 年版,第 168 页。
② 同前注,第 74 页。
③ 同前注,第 152—153 页。

所骗,列宁在重要的《两次会战之间》一文中,阐明宪法不仅应当肯定人民的权利,而且应当保障人民权利的实现,否则,这种宪法就是骗人的东西。①列宁提出一个著名的论断:什么是宪法? 宪法就是写着一张人民权利的纸。真正承认这些权利的保证在哪里呢? 在于人民中那些意识到并且善于争取这些权利的各阶级的力量。"很多人传说,列宁称宪法是一张写着人民权利的纸,是对宪法的藐视,实际上并未知道这句话当时背景,是为了揭露沙皇的行为是一场骗局,列宁认为,谁不愿意忍受俄国的自由成为警察的横行、收买、以酒肉诱惑、袭击手无寸铁的人的自由,谁就应该自己武装起来和立刻准备战斗。"②列宁对宪法所描述的社会背景与清末革命意识涌动下群情激昂的情形如出一辙。在激烈的社会动荡背景下,矛盾双方几乎没有坐下来为政治和解作出努力的可能。列宁认为,需要这样一项法律:一切公共建筑物在一般业余时间,都要排除一切障碍免费地供人民集会使用,监督的实质归根到底在于谁监督谁。"列宁认为,死刑用于镇压人民的敌人是正当的,而用于对付人民则是不正当的。"③

---

① 参见《列宁全集》第 12 卷,人民出版社 1987 年版。
② 同前注,第 50 页。
③ 《列宁全集》第 32 卷,人民出版社 1985 年版,第 188—189 页。

参 考 文 献

一、书籍类

1. 张明楷:《刑法学》,法律出版社 2007 年版

2. 王作富:《刑法》(第二版),中国人民大学出版社 2005 年版

3. 于志刚:《刑法总则的扩张解释》,中国法制出版社 2009 年版

4. 陈兴良:《刑法各论精释(下册)》,人民法院出版社 2015 年版

5. 张明楷:《日本刑法典》,法律出版社 1998 年版

6. 龙宗智:《检察制度教程》,法律出版社 2002 年版

7. 朱孝清、张智辉主编:《检察学》,中国检察出版社 2010 年版

8. 张智辉:《检察权研究》,中国检察出版社 2007 年版

9. 龚培华主编:《法律适用手册 刑法分册》,上海社会科学院出版社 2006 年版

10. 房传珏:《现代观护制度之理论与实际》,三民书局 1977 年版

11. 徐震、林万亿主编:《当代社会工作》,台湾五南图书出版公司 1999 年版

12. 叶亦乾等主编:《普通心理学》(第 2 版),华东师范大学出

版社 2004 年版

13. 金瑜:《心理测量》,华东师范大学出版社 2001 年版

14.【美】菲利浦·赖斯等:《青少年心理学》,黄俊豪等译,学富文化事业有限公司 2004 年版

15. 郭静晃:《青少年心理学》,洪叶文化事业有限公司 2006 年版

16. 雷蒙·阿隆:《社会学主要思潮》,华夏出版社 2000 年版

二、论文期刊类

1. 周光权:《论量刑上的禁止不利评价原则》,《政治与法律》2013 年第 1 期

2. 谭轶城:《论刑法评价中的禁止重复评价原则》,华东政法大学 2010 年硕士学位论文

3. 肖福林:《前科作为定罪条件后不能再作为量刑情节》,《人民司法》2015 年第 2 期

4. 胡乾辉、明新春:《盗窃犯罪累犯不宜加重处罚》,《人民司法》2006 年 4 月(上)

5. 胡云腾、周加海、周海洋:《〈最高人民法院、最高人民检察院关于办理盗窃刑事案件适用法律若干问题的解释〉的理解与适用》,《人民司法》2014 年第 15 期

6. 吴婉璐:《行政处罚事实作为非法行医定罪条件的正当性研究》,《铁道警察学院学报》2017 年第 1 期

7. 李高宁:《禁止重复评价在刑行交叉案件中的适用》,《江西警察学院学报》2013 年第 4 期

8. 杭颖华:《对袭警妨害公务犯罪的思考》,《检察风云》2016 年第 16 期

9. 贺卫等人:《妨害公务案件实证研究——以上海市浦东新区人民检察院为视角》,《检察风云》2016 年第 6 期

10. 张利兆:《析妨害公务罪的暴力、威胁手段》,《法学》2004年第10期

11. 王新环、朱克非、张京晶:《妨害公务案件实证分析》,《国家检察官学院学报》2011年6月

12. 刘净、满铭安:《妨害公务罪的立法完善》,《武汉大学学报》2011年第2期

13. 万绍鹏、马荣春:《"以其他方法妨害公务"之入刑提倡》,《江苏警官学院学报》2017年第3期

14. 何龙:《抽象危险犯视角下妨害公务罪的司法认定》,《法律适用》2018年第2期

15. 黄奇中:《"妨害公务罪"若干问题研究》,《华侨大学学报(哲学社会科学版)》2007年第2期

16. 甄君玮:《办理妨害公务案件应注意的几个问题》,《法制与社会》2017年8(中)

17. 孙刚、乔苹苹:《当前查办妨害公务罪的几个问题》,《中国检察官》2012年第11期

18. 何海波:《公民对行政违法行为的藐视》,《中国法学》2011年第6期

19. 郭喜鸽:《暴力袭警从重处罚条款的法律适用》,《天津法学》2016年第4期

20. 王志:《暴力袭击协助警察执法人员的定性》,《中国检察官》2017年5月(下)

21. 于宾:《妨害公务罪中暴力袭警条款的理解与适用》,《中国检察官》2016年12月(下)

22. 高铭暄、马克昌主编,《刑法学》,北京大学出版社　高等教育出版社2000年版

23. 单晓华、李晓林:《数罪并罚原则探析》,《沈阳师范大学学

报（社会科学版）》2005 年第 6 期

24. 王胤颖：《外国刑法数罪并罚规定的比较与借鉴》，《犯罪研究》2005 年第 2 期

25. 王戬：《差异与反思——从国际标准角度看我国律师辩护制度现状及其改进》，《华东政法学院学报》2002 年第 2 期

26. 方振华：《浅析辩护律师在场权》，载陈卫东主编《司法公正与律师辩护》，中国检察出版社 2002 年版

27. 余尘：《论我国律师在场权制度的构建》，《中国检察官》2015 年第 2 期（上）

28. 李勇：《检察监督权的变迁与重构》，《华东政法大学学报》2005 年第 9 期

29. 王新：《政府对违建物发放拆迁款的行为不能阻断诈骗故意》，《中国检察官》2014 年第 9 期

30. 操宏均：《政府过错行为岂能转嫁他人》，《中国检察官》2014 年第 9 期

31. 张鸥：《论抢劫罪与敲诈勒索罪的区别》，《广西政法干部管理学院学报》2005 年第 5 期

32. 陈凌：《论抢劫罪中的"当场"》，《政法论丛》2006 年第 3 期

33. 张永红：《概括故意研究》，《法律科学》2008 年第 1 期

34. 张明楷：《犯罪共同说之提倡》，《清华大学学报（哲学社会科学版）》2001 年第 1 期

35. 张明楷：《共同犯罪是违法形态》，《人民检察》2013 年第 13 期

36. 阎二鹏：《共犯本质论之我见》，《中国刑事法杂志》2010 年第 1 期

37. 向朝阳、马静华：《刑事和解的价值构造及中国模式的构建》，《中国法学》2003 年第 6 期

38. 郑红梅:《浅谈如何处理民间纠纷引起的伤害案件》,《江西公安专科学校学报》2003 年第 5 期

39. 汪建成:《刑事和解与控辩协商制度的衔接与协调》,《政法论坛》2012 年第 2 期

40. 邱生权等:《强制戒毒的刑诉法意义》,《沈阳工程学院学报(社会科学版)》2009 年第 10 期

41. 邓德文:《强制戒毒时间不能折抵刑期》,《检察实践》2002 年第 6 期

42. 刘靖:《强制戒毒期间折抵刑期初探》,《犯罪研究》2007 年第 6 期

43. 陈丽娜:《妨害公务罪研究》,华东政法大学 2009 年硕士论文

44. 陈云高:《妨害公务罪研究》,华东政法大学 2013 年硕士论文

三、报纸类

1. 江瑾:《强制隔离戒毒的期间不能折抵刑期——广东潮州中院裁定李伟昭抢劫案》,《人民法院报》2014 年 12 月 25 日

2. 惠琳琳:《各参与人的责任不影响共同犯罪的成立》,《西部法制报》2013 年 2 月 19 日

3. 林里力、刘建:《上海闵行检方推行社会观护体系》,《法制日报》2005 年 5 月 15 日

4. 王春立等人:《青岛市市北区:取保候审考察观护站关爱外来未成年嫌疑人》,《检察日报》2006 年 7 月 16 日

5. 李刚:《广州法庭首现"社会观护员"》,《人民日报》2007 年 5 月 25 日

后　记

　　检察院的工作并不是每个岗位都那么有趣,有的年复一年日复一日,单调而枯燥。但对于大部分年轻人而言,刑检部门算是比较容易获取智力上乐趣的岗位之一。

　　2020 年,是我从事检察工作的第十二个年头,也是我从事一线刑事办案工作的第十二年。刚参加工作的时候,以当时的情势估计,以为办满一千件刑事案件,就能过上退休生活了。现在看起来,当时的估计太过保守。我在第十二个年头刚到来之际,就已经办完了我职业生涯里第一千件刑事案件。在旁人看来,这是一件了不起的成绩,所以,本打算留作退休后写作回忆录的东西,这时候拿出来摆列一下,也算是心灵上的休憩。

　　这本集子,就积攒了这十二年来我在刑事办案过程中的所思所想,有的观点比较成熟,也有的思考才刚刚开始,有的已经发表在《中国检察官》《检察日报》《上海法制报》《江苏省第二师范学院学报》等报刊上,也有的存在我的电脑中第一次露面,其中部分观点错漏间或有之。但可以保证的是,我这个集子中的每个章节背后都有故事。有的是鲜活案例的支撑,有的是让办案人员一直头痛的棘手问题,还有的是近年来法制建设过程中亟需推进的难点、热点问题。

回首过往,刑事案件像流水漫过,办案人员却像岩石一样稳固在河流当中。不管怎么样,不要因为时间久了而打磨成鹅卵石一样光滑,棱角全无。要时刻提醒自己:你所要追求的价值究竟是什么?换句话说,你要通过办案达到一个怎样的终极目标?我的回答是,要追求内心的善。这种善的内容不仅仅是对法律的判断,更要包括你对是非、善恶的内容判断,然后用你的办案工作竭力去弘扬它、去保卫它。如此一来,你的内心便涌现出极大的自豪感及成就感,工作、生活的压力便不会将你拖入琐碎、平庸的泥潭。我始终认为,捍卫良善,也许就是检察官之为检察官的真谛。

这本集子主要阅读的对象是在校法科大学生、刚入职的有志在刑事辩护条线一展身手的律师、公安刑侦人员和我的同行们,不当之处请多多批评指正。

是为记。

王 胜

2020 年 2 月 2 日

图书在版编目(CIP)数据

刑事检察实务疑难问题研究/王胜著. —上海:
上海人民出版社,2020
ISBN 978-7-208-16463-5

Ⅰ.①刑… Ⅱ.①王… Ⅲ.①刑事诉讼-研究-中国
Ⅳ.①D925.204

中国版本图书馆 CIP 数据核字(2020)第 078022 号

责任编辑 刘华鱼
封面设计 一本好书

刑事检察实务疑难问题研究
王　胜　著

出　　版　上海人民出版社
　　　　　　(200001　上海福建中路 193 号)
发　　行　上海人民出版社发行中心
印　　刷　上海商务联西印刷有限公司
开　　本　890×1240　1/32
印　　张　5.75
插　　页　2
字　　数　129,000
版　　次　2020 年 5 月第 1 版
印　　次　2020 年 5 月第 1 次印刷
ISBN 978-7-208-16463-5/D・3592
定　　价　58.00 元